도시의 공원

■ 이 도서의 국립중앙도서관 출판시도서목록(CIP)은
서지정보유통지원시스템 홈페이지(http://seoji.nl.go.kr)와
국가자료공동목록시스템(http://www.nl.go.kr/kolisnet)에서 이용하실 수 있습니다.
(CIP제어번호: CIP2015001381)

도시의 공원

공원에 깃든 삶의 이야기

케이티 머론 엮음

오현아 옮김

마음산책

엮은이 **케이티 머론** Catie Marron

〈보그〉편집위원. 비영리단체 '하이라인의 친구들' 이사회 의장. 7년간 뉴욕공립도서관 이사회 의장을 맡았고 투자금융사, 잡지사, 시민단체 등에서 일했다.

옮긴이 **오현아**

서울대학교 영어영문학과를 졸업하고 조인스닷컴Joins.com에서 서평 전문 기자로 일했다. 옮긴 책으로 『스팅』『실비아 플라스 드로잉집』『내니의 일기』 등이 있다.

도시의 공원

1판 1쇄 인쇄 2015년 1월 25일
1판 1쇄 발행 2015년 1월 30일

엮은이 | 케이티 머론
옮긴이 | 오현아
펴낸이 | 정은숙
펴낸곳 | 마음산책

편집 | 이승학 · 최해경 · 박지영 · 박선우   디자인 | 이수연 · 이혜진
마케팅 | 권혁준 · 곽민혜   경영지원 | 이현경

등록 | 2000년 7월 28일(제13-653호)
주소 | (우 121-840) 서울시 마포구 잔다리로 3안길 20(서교동 395-114)
전화 | 대표 362-1452 편집 362-1451   팩스 | 362-1455
홈페이지 | http://www.maumsan.com
블로그 | maumsanchaek.blog.me
트위터 | http://twitter.com/maumsanchaek
페이스북 | http://www.facebook.com/maumsanchaek
전자우편 | maum@maumsan.com

ISBN 978-89-6090-217-6 03300

* 책값은 뒤표지에 있습니다.

공원은 삶을 반영한다.

*

공원은 삶이 나아가야 할 방향,
다시 말해 기품과 공간, 선택, 전망을 보여준다.

우리는 변하고 나이 들고 머물렀다 떠나가고 종국에는 죽는다.
하지만 공원은 이 모든 것을 견뎌낸다.
언제나 그곳에 있을 공원이 슬픈 우리의 영혼을 가만히 어루만진다.

차 례

서문

케이티 머론
CATIE MARRON

모험이 흔히 그러하듯 이 책은 파리 여행에서부터 시작되었다. 크리스마스와 신년 연휴를 이용해 친구와 함께 생애 처음으로 파리를 찾은 그해, 내 나이 스물셋이었다. 새하얗게 부서지는 겨울 햇빛과 우리가 묵었던 리볼리 거리의 작은 호텔과 유서 깊은 세계적인 음식점 르 그랑 베푸Le Grand Véfour에서 한껏 호사를 부리며 맛보았던 점심 식사는 지금도 기억이 생생하다. 파리 시내를 이리저리 거닐었던 것도 엊그제 일만 같다.

그중에서도 가장 기억에 남는 것은 뤽상부르 정원이다. 다른 기억이 점차로 희미해지는 반면에 이곳만큼은 투명한 겨울 햇살처럼 내 마음 속에 선명하게 아로새겨져 있다. 맑고 화창한 아침에 깜짝 놀랄 정도로 많은 사람이 공원에 나와 있었다. 대부분 작은 배를 띄우는 연못가에 모여 앉아 따사로운 햇살을 담뿍 받고 있었다. 눈앞의 광경을 지켜보는데 나도 모르게 두 눈에 눈물이 어리었다. 정교하게 꾸민 공원의 정경이 자연스레 일상을 즐기는 사람들의 모습과 묘한 대조를 이루며 내 안의 무엇인가를 자극했던 모양이다.

그 이후로 나는 파리에 갈 때마다 성지순례 하듯 뤽상부르 정원을 찾았다. 공항으로 가는 길에 들른 적도 두 번 있었다. 난 이 공원과 함께 성장한 것이다. 혼자 가던 공원을 남편과 거닐고 얼마 지나지 않아서는 우리 아이들을 데리고 갔다.

나 혼자 찾았던 연못가에 아이들과 함께 앉아 손으로 만든 장난감 배를 물 위에 띄우거나 가만히 지켜보던 것이 가장 즐거운 추억으로 남아 있다. 어느 해에는 내 남편 돈이 뤽상부르 정원의 연못을 19세기 화풍의 작은 수채화로 그려 나를 깜짝 놀라게 했다. 그림이 그려진 지점을 정확히 짚어낼 수 있을 것 같았다. 한번은 이 책에서 뤽상부르 정원에 대한 글을 쓴 어맨다 할레크와 이야기를 나누다 먼 훗날에 이 연못가에서 만나기로 약속했다. 그러고는 정원에 이르는 여러 개의 입구 중에서 그녀는 어떤 입구를 고를까, 또 나는 어떤 입구로 들어갈까 하고 즐거운 상상을 했다. 그녀도 그러했겠지만 내가 좋아하는 입구는 따로 있었다.

파리 여행 이후로 운 좋게도 세계의 유수한 도시를 방문할 기회를 갖게 되었는데 그때마다 자석에 이끌리듯 도시에서 가장 가까운 공원으로 발걸음을 옮기는 나 자신을 발견했다. 그래서 내가 좋아하는 공원을 다룬 책이 있는지 찾아보았지만 그런 책이 거의 없다는 사실을 알고는 적잖이 놀랐다. 추운 겨울날 저녁이면 느닷없이 짐을 꾸려 아이들과 여행길에 오른 뒤 세계를 누비며 공원 사진을 찍는 꿈을 꾸곤 했다. 하지만 이 꿈은 쉽게 이루어지지 않았다. 그런데 의식 저편으로 사라졌던 이 꿈이 지난해 불현듯 떠오르더니 급기야 꿈을 실현할 방안을 모색하기에 이르렀다.

프로스펙트 공원이나 보르게세 정원의 구불구불한 길처럼 이 책을 만드는 과정도 곧은 직선이 아니었다. 그 길은 놀랍고도 가슴 설레는 일이 가득한 미로였다. 뜻밖의 행운은 아주 일찍 찾아왔다. 어느 날 서점에 들렀다가 오베르토 질리의 신간 사진집이 우연히 눈에 띄었다. 몇 해 전 〈보그〉 편집장인 애나 윈투어Anna Wintour가 주도한 프로젝트에서 함께 일한 뒤로 그를 한 번도 만나지 못했다. 사진집을 보고 그길로 전화를 걸어 얼마 전부터 공원에 대한 책을 구상하고 있는데 함께 해볼 생각이 없느냐고 물었다. 그는 내 제안을 열렬히 반기더니 먼 곳을 마다하지 않고 세 대륙 열두 나라를 돌며 이 책의 근간을 이루는 보물과도 같은 사진을 보내왔다.

내가 좋아하는 공원과 도시를 가급적 많이 넣는 방향으로 기획안을 짰다. 그러고는 공원에 어울릴 만한 저자, 즉 개인적으로 그 공원에 각별한 애정을 느끼는 저자를 물색하기 시작했다. 몇몇 저자는 마음에 둔 공원이 따로 있다고 해서 기획안을 수정하기도 했다.

이 책의 저자에게 저마다의 독특한 목소리가 있고 사진가에게 자신만의 특별한 눈이 있듯이 공원에도 제각기 다른 영혼이 깃들어 있는 까닭에 공원을 찾는 수천수만의 사람과 주변 문화에 다양한 영향을 준다. 그러나 공원의 유사성은 공원이 전 세계 도시인에게 꼭 필요한 존재라는 사실을 보여준다. 공원은 도시 생활에 없어서는 안 될 존재다. 18세기 중반 도시가 사람들로 가득 붐비게 되고 그로 인해 사람들이 혼잡하고 시끄럽고 더러운 길거리에서 벗어날 탈출구를 찾게 된 이후로 공원은 줄곧 도시인에게 청량제 같은 존재로 기능해왔다. 무엇보다도 공원은 입장료가 없다.[*]

얼마나 많은 사람이 공원을 거닐다 벤치에 앉아 발밑으로 굴러온 공을 잡고 애완견에 대한 정보를 나누다 친구가 되고 혹은 사랑을 꽃피웠을지를 상상해보아라. 최근에 실화를 바탕으로 한 프랑스 영화 〈마거리트와 오후를My Afternoons with Margueritte〉을 보았는데, 세대도 배경도 다른 두 남녀가 오후 나절 공원 의자에 앉아 소일하다 평생의 벗이 되는 이야기였다. 어느 날 노부인이 젊은 사내에게 알베르 카뮈의 글소설 『페스트』의 한 대목을 읽어준다. 내 생각엔 푸르른 자연이 없으면 도시 생활이 얼마나 황폐해질지를 단적으로 보여주는 글이 아닐까 싶다. "가령 비둘기도 나무도 정원도 없어서 파닥거리는 날갯짓 소리도 한들거리는 나뭇잎 소리도 들을 수 없는 도시, 이렇게 암울한 도시가 상상이 되는가? 이곳에서는 하늘이 계절의 변화를 알려줄 뿐이다. 봄이 왔다는 것도 귓전을 스치는 바람을 통해서, 혹은 행상이 변두리에서 따온 꽃바구니를 보고서야 알 따름이다."

[*] 이 책에 소개된 공원들 중에 예외적으로 입장료를 받는 공원은 워싱턴의 덤버턴 오크스와 카이로의 알 아자르, 멕시코시티의 소치밀코 이렇게 세 곳이다.

얼마 전 늦은 오후에 친구와 산책을 나가 아이스티를 마셨다. 센트럴파크의 산책로 몰The Mall을 거닐다 벤치에 앉아 망중한을 즐기고는 도시로 치면 두 블록쯤 되는 거리를 더 걸은 뒤 친구와 헤어졌다. 이 짧은 거리를 걷는 동안 우리는 악기 연주하는 사람부터 기부하는 사람에 기부 받는 사람, 동전 바구니를 앞에 놓고 재담하는 젊은이, 공놀이하는 아이들, 막대와 줄을 이용해 커다란 비눗방울을 부는 남자, 조금 전 우리처럼 의자에 앉아 있는 사람까지 온갖 부류의 사람들을 보았다. 그런데 희한하게도 휴대전화를 쓰는 사람은 단 한 명도 없었다. 저 멀리서는 자전거를 타거나 조깅하는 사람들이 공원 한복판을 가로지르고 그 너머로는 센트럴파크의 유명한 음악당이 내다보였다. 본연의 목적대로 공연도 하고, 아침에는 요가하는 곳으로, 오후에는 스케이트보드 타는 곳으로, 일요일에는 마라톤 출발점으로 활용되는 곳이다.

공원은 삶을 반영한다. 서문을 다 쓰고 난 뒤 존 밴빌의 글이 도착했다. 그의 글도 뤽상부르 정원에 대한 첫 기억으로 시작한다. 어맨다 할레크의 글도 마찬가지다. 그때 존은 열여덟, 어맨다는 스물, 나는 스물셋이었다. 우리 셋 다 똑같은 경험을 이야기하고 나이까지 언급한 건 재미있는 우연이지만 한편으론 공원에서의 기억이 얼마만큼 강렬한지를 보여주는 증거이기도 하다. 피코 아이어는 외연의 내면화를, 앙드레 아시망은 시간을, 존 밴빌은 공원의 연속성을, 곧 공원은 현재는 물론이고 우리가 이 지구상에 태어나기도 전인 과거에도 사랑받았고 우리가 죽어 없어질 먼 미래에도 변함없이 사랑받을 것임을 말한다.

공원은 흙과 사람의 공간이자, 마천루가 즐비한 도시에서 하늘과 별을 가장 잘 볼 수 있는 곳이다. 공원은 그래서 우리에게 즐거움을 선사한다. 나 역시 이 책으로 독자 여러분께 작은 기쁨이나마 선사할 수 있기를 바랄 뿐이다.

알 아자르, 카이로
AL-AZHAR

아다프 수에이프
AHDAF SOUEIF

카이로의 초록 허파

여자아이, 아니 젊은 여자가 자세를 취한다. 대리석 벤치 위로 펄쩍 뛰어오르더니 두 팔을 활짝 벌린다. 나는 새를, 비상을 생각한다. 사진기를 들고 있는 젊은 사내도 같은 생각을 했을 것이다. 남자가 길 위에서서 나풀거리는 꽃무늬 히잡과 쭉 뻗은 여자의 팔 너머로 하늘이 보이도록 각도를 잡는다.

이곳은 카이로 도심에서 한참 올라온 곳에 위치한 긴네모꼴의 아름다운 광장이다. 저 아래 돌층계로 물이 졸졸 흐르고 물 위를 스치듯 날아다니는 잠자리들이 햇빛을 받아 반짝거린다. 얼굴에 정교하게 그림을 그려 넣은 작은 남자아이가 물에 첨벙 뛰어든다. 잔물결 이는 연못은 발목물밖에 되지 않는다. 아이를 나무랄 요량으로 다가오는 경비원에게 아이의 아버지가 "물을 보고 어떻게 안 뛰어들겠어요?"라고 부드럽게 말하자 경비원이 마지못해 물러선다.

8월 이드 알 피트르_{라마단이 끝난 것을 기념하는 축제}가 끝나갈 무렵이었다. 늦은 오후, 여전히 무더웠다. 공원 입구까지 줄이 길게 늘어서 있었다. "어른 둘에 어린이 셋이요" "어른 넷이요" "이 아이요? 열다섯 살이에요". 대부분 이집트인이지만 간간이 팔레스타인 사람에 페르시아 만 인근 국가의 아랍인과 이라크인, 그리고 스위스 사람도 보였다. 이윽고 입구를 지나 공원으로 들어서자 100개의 구멍에서 환영의 물줄기를 내뿜는 광장이 나왔다. 아이들이 기쁨의 탄성을 내지르며 물기둥 속에서 달리고 미끄러지고 넘어졌다. 일순간 공원이 한적해지면서 더위가 싹 가시는 기분이었다. 이제 우리 앞에 선택의 갈림길이 놓여 있다. 오른쪽으로 갈까? 왼쪽으로 갈까? 오른편에 있는 또 다른 길로 갈까? 그냥 앞으로 쭉 갈까? 아니면…….

희한한 일이지만 난 지금도 이 공원에 가면 곧잘 헤맨다. 물론 사진을 들여다보고 지도를 살피면서 여기에는 뭐가 있고 저기에는 뭐가 있다는 걸 확인할 수 있지만, 막상 공원에만 들어서면 눈앞이 깜깜해지면서 방향감각을 잃고 만다. 물리적으로 경계가 분명한 곳이어도 나에게는 무한의 공간처럼 느껴진다. 실은 이곳에서 길을 잃고 난생처음 보는 자주색 꽃이 흐드러지게 핀 가운데 인도 재스민과 플라타너스와 그 흔한 '구하나미야'가 늘어선 산책로를 얼마간 정처 없이 걷는 게 마냥 행복하다.

사람들이 공원을 한가로이 거닐고 있다. 북적이던 사람들이 사방으로 흩어져 이제는 가족과 연인들만이 눈에 띨 따름이다. 9만 평에 이르는 공원은 만인을 품고도 남는다. 커다란 허파 모양으로 카이로의 동쪽 지역에 위치한 공원은 천년 된 알 아자르 모스크와 살라딘 요새—12세기 무렵 지중해를 넘어 물밀 듯 밀려오는 십자군에 맞서기 위해 살라딘^{이집트 아이유브 왕조의 창시자}이 쌓은 웅장한 성채—사이에 자리 잡고 있다. 나는 사람들이 가장 많이 이용하는 입구로 들어왔는데 이곳은 도시와 공항을 잇는 도로인 살라 살렘을 마주 보고 있다. 공원 바로 밑 주택가로 나 있는 다른 입구들은 자동차 이용이 제한되는 대신 입장료가 저렴하다. 공원은 카림 아가 칸 왕자^{Karim Agha Khan}가 카이로 시민에게 주는 선물인 데다 "가장 가까운 사람이 복을 받을 우선권을 가지기" 때문에 지역민은 공원을 반값에 이용할 수 있다.

역사가들은 카이로가 지어질 당시 도심 한가운데 정원이 있었고 유원지와 놀이공원도 도처에 있었다고 말한다. 나무가 뿌리내릴 한 평의 땅도 여의치 않은 오늘날의 카이로를 생각하면 상상하기 힘든 일이다. 13세기부터 19세기까지의 문헌에 따르면 카이로 시민은 유희와 느긋한 생활을 즐겼고 축일과 휴일에는 집집마다 공원에 나와 기쁨을 나누었으며 강과 호수에 배를 띄웠다고 한다. 음악이 도처에서 흘러나왔고 모든 배고픈 자들이 와서 함께 먹을 수 있도록 식탁과 돗자리에는 음식이 가득 펼쳐져 있었다.

그러나 지난 반세기 동안 카이로의 푸른 숲은 급속도로 사라졌고 근교─북쪽의 알 카나터 알 카이리아에서 남쪽의 헬완까지─의 유원지는 하나둘 자취를 감추었으며 강가에는 높은 건물이 들어섰다. 한여름 맑은 공기를 들이마시려면 다리 위에 걸터앉거나 길 한복판의 교통섬으로 가야 하는 지경에 이르렀다. 1월 25일 혁명^{2011년 1월 25일 이집트 전역에서 대통령 퇴진을 요구하는 대규모 시위가 일어났다} 이후 카이로가 시민의 품으로 돌아오고 있지만 그사이에 사람의 손길이 안 간 곳 없이 구석구석으로 뻗어나갔다. 이는 곧 푸른 땅이 그만큼 줄어들었음을 의미한다.

이런 까닭에 사람들이 수백 년 동안 그래왔듯이 아자르 공원에서 산책하고 이야기하고 앉아서 쉬며 즐기는 모습을 보고 있으면 절로 기분이 좋아진다. 한 가족이 야자나무 우거진 야트막한 언덕에 앉아 담소를 나눈다. 짙푸른 녹음 속에서 여자들의 화사한 옷차림이 눈부시게 빛난다. 저쪽에선 작은 남자아이가 은색 킥보드 손잡이를 꽉 잡은 채 한 발로 땅을 힘차게 차며 앞으로 내달린다. 젊은 연인들이 풀밭이나 낮은 돌담 위에 앉아 공원과 카이로 시가지를 내려다보며 미래를 꿈꾼다. 남녀가 언제 애정 행각을 벌일까 싶어서, 혹은 서로를 부드럽게 어루만지던 손과 입술이 언제 덤불 속에서 뜨거운 불꽃을 일으킬지 몰라 경비원이 노상 눈을 부릅뜨고 주위를 살핀다.

우리는 독재에서 민주주의로, 억압에서 자유로 변화하고 있다. 말로만 그치지 않고 우리는 끝내 그곳에 이를 것이다. 이상 세계에서는 경비원도, 벽도, 입장료도 없을 것이다. 그 대신 카이로 전역에 아자르 같은 공원이 못해도 스무 군데는 생겨서 시민 100만 명당 하나씩 공원을 갖게 될 것이다.

아자르는 인간다움을 회복시켜주는 공원이다. 이곳에 오면 우리는 매 순간 여러 갈래의 길을 마주하면서 어떤 길을 선택할지를 두고 고민하게 된다. 시간을 갖고 찬찬히 생각해보아라. 대왕야자나무가 장엄하게 아래를 굽어보는 큰길을 따라 오른쪽으로 갈까? 아니면 왼편으로 방향을 잡아 이따금씩 대담한 젊은 연인들이 눈부신 사랑을 나누는 수풀 우거진 작은 구릉으로 올라갈까?

어느 길에 놀라움이 가득할까? 언젠가 한번은 길모퉁이를 도는데 꿈길처럼 물줄기를 나른하게 내뿜는 커다란 호수와 맞닥뜨린 일이 있

었다. 또 한번은 한적한 길을 따라 몇 발자국 떼지도 않았는데 느닷없이 초록색 원형극장의 꼭대기 층이 눈앞에 펼쳐지기도 했다. 가장자리에 타일을 붙인 잔디 곱게 깔린 좁다란 계단이 저 아래 고요한 연못가까지 죽 이어진 극장이었다.

공원은 삶이 나아가야 할 방향, 다시 말해 기품과 공간, 선택, 전망을 보여준다. 원하는 대로 친구를 사귈 수도, 혼자만의 시간을 즐길 수도 있다. 식당이 있지만 대부분 풀밭에 앉아 싸온 음식을 먹는다. 전기차가 있어도 대개가 걸어 다닌다. 주위를 둘러보면 어디에나 벤치와 우아하고 단아하게 조각된 대리석 음수대가 있다. 아자르 공원은 안달루시아와 바그다드, 다마스쿠스, 이스파한에서 볼 수 있는 고혹적인 이슬람 정원, 곧 지형의 높낮이와 물소리와 물길과 시시각각 바뀌는 나무의 색깔과 결, 모양까지 고려해서 균형과 조화의 미학을 추구한 정원을 연상시킨다.

아랍어로 정원을 의미하는 단어를 대라고 하면 곧바로 네 개의 단어가 떠오른다. '버스탄', 나이팅게일이 그 멋을 더하는 잘 꾸민 페르시아 정원이 생각난다. '로다', 즐거움과 생기가 넘친다. '하디카', 가장 흔히 쓰는 말이지만 어원은 가장 불분명하다. '주나이나(이집트 방언으로는 제네이나)', 내가 가장 좋아하는 말이다. '주나이나'의 어원은 숨김을 뜻하는 'j/n'인데 여기서 '자닌(태아)'과 '마즈눈(자기 생각을 꽁꽁 숨기는 광인)' '재나(천국)' '주나이나 혹은 제네이나(작은 천국)'라는 단어가 파생된다.

공원 한편에는 작은 규모의 제네이나 극장Geneina Theatre이 자리 잡고 있다. 성채 주위의 메마른 해자 위에 지은 극장은 구릉지와 서쪽의 아유비드 벽을 사이에 두고 있다. 구릉지는 그 자체로 멋진 객석이 되고 무대 뒤로 솟은 고색창연한 벽은 여름 저녁에 환한 조명을 받으며 음악을 드넓은 창공으로 울려 퍼지게 한다.

극장에 앉아 몇 년 전만 해도 이곳이 거대한 쓰레기 더미였다는 데 생각이 미치면 묘한 기분이 든다. 이곳에서 살았던 수백 년의 삶이 차곡차곡 쌓인 채 저 땅 밑에 묻혀 있는 듯하다.

카이로에서 가장 오래된 지역 가운데 하나인 엘 바트네이야의 비좁고 붐비는 거리를 걸어보아라. 하루의 어느 때건 심지어 밤이 깊어갈 무렵에도 작업장에서는 콧노래가 흘러나오고, 커피숍에서는 흐릿한 텔레비전 불빛 아래 탁 하고 주사위 던지는 소리가 들리고, 아이들은 여전히 뛰어놀고, 여인들은 산더미처럼 쌓인 빵이며 과일을 사느라 여념이 없고, 차량은 꼬리를 물고 길게 늘어서 있고, 결혼식은 밤늦도록 계속되고, 미나레트모스크에 부설된 뾰족탑에서는 기도 시각을 알리는 외침이 하늘 높이 울려 퍼진다. 사람살이다. 복잡하고 시끌시끌한 거리를 지나 인파를 헤치고 앞으로 나아가면 이윽고 아슬람 모스크Mosque of Aslam 바로 뒤편으로 우뚝 솟은 오래된 성벽을 만나게 된다. 민가를 에워싼 살라딘 요새의 성벽과 망루다. 엘 바트네이야 주민이라면 2파운드만 내고 철문과 살라딘의 성벽을 넘어 푸른 공원으로 들어갈 수 있다.

징검돌이 듬성듬성 박힌 넓은 산책로를 따라 굽이굽이 걷다 보면

어느새 수풀 우거진 곳에 이른다. 위로, 위로 올라간다. 조금 전에 걸어 올라온 시가지가 조금씩 모습을 드러낸다. 시야가 확 트인 곳에 다다르자 비로소 도시의 소음이 제거되고 자잘한 일상이 아득하게 사라진다. 가까이에는 미나레트와 정교하게 만든 비둘기장과 총안銃眼이 있는 모스크의 뾰족한 성벽 꼭대기가 보이고, 저 멀리로는 마음을 편안하게 해주는 웅장한 술탄 하산 모스크Sultan Hansan Mosque가 보인다. 10세기에 지어진 오래된 성벽 아래 도시가 가만히 숨을 내쉬는 커다란 짐승처럼 웅크린 채 서쪽 강가까지 아득하게 펼쳐져 있다. 맑은 날에는 피라미드까지 내다보인다. 오늘도 석양은 거대한 연꽃 모양의 카이로 타워Cairo Tower 너머로 붉은빛을 흩뿌리며 넘어간다.

동쪽으로는 카이로의 유명한 공동묘지 지역인 카라파Qarafah가 완만한 곡선을 그리며 희뿌옇게 보인다. 폐허 같은 가족묘가 모여 있는 곳, 부르주아가 영원히 잠든 곳, 시인과 정치인과 예술가와 수피교도에게 바쳐진 비문이 있는 곳. 그 옛날 피라미드를 쌓기 위해 돌을 캐냈다는 무카탐 언덕이 묘지에 그림자를 길게 드리운다. 묘지 주위로 얼마 전에 지은 아파트 건물이 비죽 솟아 있다. 사람들이 이미 빼곡하게 들어차서 살고 있는데도 마치 헐벗은 콘크리트 팔을 하늘 높이 추켜올리고 있는 것처럼 아파트는 여전히 미완의 상태로 보인다. 어서 돈을 갖고 와서 또 한 층 올리라고 아우성치는 듯하다. 바람 소리, 자동차 소리 요란하지만 이곳에서 내려다보면 한없이 평화로워 보이는 두 개의 고속도로가 묘지와 아파트 사이를 가로지른다. 자동차가 빨갛고 하얀 불빛을 내쏘며 악보 위의 음표처럼 조용히 미끄러져 간다.

공원은 카이로와 대립하면서도 쉼 없이 대화를 이어나간다. 공원은 도시 생활에서 벗어나 잠시 쉬라는, 상쾌하고 깨끗한 공기를 마시러 오라는 초대장이다. 또한 언덕 꼭대기에 죽 늘어선 높다란 야자나무와 반대편에 솟은 이동통신 기지국과 두 개의 고속도로가 가로지르는 주택가와 고속도로를 질주하는 자동차 사이에서 눈길 가는 대로 주위를 둘러보라는 초대장이다. 여기보다 사색하기에 더 좋은 곳이 있을까? 꽉 막힌 도로에서 짜증을 참는 당신에게, 혹은 이 고도古都의 한복판에서 골머리를 썩는 당신에게 공원은 초대이자 선물이고 오아시스며 당신을 숨 쉬게 해주고 재충전해주는 초록 허파다.

현세의 삶과 내세의 삶, 풀과 바위, 움직임과 정적. 그리고 영원한 지형.

보볼리, 피렌체
BOBOLI

빌라 보르게세, 로마
VILLA BORGHESE

제이디 스미스

ZADIE SMITH

두 개의 이탈리아 정원

보볼리, 피렌체

아버지가 연로하시고 내가 아직 젊었을 때 나에게 뜻하지 않은 큰 돈이 생겼다. '정당하게 번 돈'이었지만 아버지도 나도 복권에 당첨이라도 된 듯 어리둥절해했다. 무슨 착오가 생긴 건 아닐까 싶어서 아버지와 나는 복권을 확인하듯 계약서를 연신 들여다보았다. 잘못된 건 없었다. 내가 쓴 소설로 번 돈이었다. 아버지와 나는 한동안 이 낯선 현실 앞에서 무엇을 해야 할지 몰라 망연히 서 있을 뿐이었다. 아버지는 언제나처럼 10파운드나 20파운드짜리 지폐를 편지 봉투 속에 넣어 보내왔다. 나는 다른 식구들을(부모님은 오래전에 이혼하셨다) 고국 카리브 해의 리조트로 데리고 갔다. 그곳에서 우리는 따분한 표정으로 골프 카트를 탔고 옥신각신 언쟁을 벌였으며 윤기 흐르는 과일을 산더미처럼 받으려고 줄을 서서는 우울한 침묵에 잠겨 있었다. 뷔페식당에서 흑인은 우리밖에 없었다. 상당한 시간이 흐른 뒤 나는 이 돈이 비록 나에게는 조금 이르다 싶게 찾아왔지만 아버지를 위해서는 딱 알맞은 때에 왔다는 사실을 깨달았다. 아버지는 열세 살에 시작한 일을 다 늙어서야 그만두었지만 여전히 가난했고, 엄마와 헤어지면서 엉망이 된 삶은 이제야 겨우 평온을 되찾은 듯했다. 이런 까닭에 나는 런던의 허름한 아파트에서 살던 아버지에게 바닷가의 작은 집을 구해드렸다. 그런 다음에 지난봄 아버지와 내가 여행지로 떠올린 곳은 콘월도, 데번도, 레이크 지방^{영국 잉글랜드 북서부의 호수가 많은 지역}도 아닌 유럽이었다. 도발적인 생각이었다! 하지만 전례가 없는 것도 아니었다. 대학에 들어가던 전해 여름에 아버지는 나홀간의 파리 여행을 딸과 함께 떠나기 위해 알토란같이 모은 돈을 내놓았다. 그러나 일흔을 바라보는 백인 노인이 열일곱 살의 흑인 소녀를 데리고 유럽을 여행하기란 쉬운 일이 아니었다. 어디를 가나 낯선 이들의 곱지 않은 시선이 우리를 따라다녔다. 그렇다고 레스토랑이나 우리가 묵던 작은 호텔 식당에 마냥 앉아 있는 건 죽어도 싫었다. 그래서 우리는 이 흥미진진한 여행 첫날에 여기저기를 정처 없이 걸었는데 그게 마냥 즐거웠다. 거리를 걷고 박물관을 구경하고 무엇보다도 공원을 산책했다. 이곳에서는 돈을 쓸 일도 없고 서툰 말을 떠듬떠듬 할 필요도 없고 조각상이나 호수 앞에서 안내 책자를 보는 사람을 촌놈 보듯 이상한 눈으로 흘끔거리는 사람도 없다. 특히 공원에서는 어떤 소속감 같은 걸 느끼기가 쉽다. 이건 이미 십 대 시절에 본능적으로 직감한 사실이다.(돌이켜보면 햄스테드 히스^{Hampstead Heath, 런던 북서부 햄스테드 지역의 고지대에 위치한 공원}에 놀러 가던 아주 어렸을 때부터 이런 느낌을 받은 것 같다.) 나는 한참 뒤 대학에 들어가서 또다시 정원에 끌리게 되었다. 다른 점이 있다면 이번에는 지적으로 매혹당했다는 것이다. '노동'과 '노동자'의 흔적이 영국 정원에서 어떻게 해서 사라지게 되었는지 그 배경에 주목하며 '1600년부터 1900년까지 정원을 그린 영국 시'라는 주제로 졸업 논문을 썼다. 울타리와 벽 대신에 은장^{隱墻전망을 가리지 않도록 정원 경계에 땅을 파서 만든 낮은 울타리}이 세워졌다는 사실을 상

기해보아라. 그리고 정원의 작은 굴에서 은둔하는 고독한 시인을 떠올려보아라. 이들은 애초에 땅을 깊이 파서 호수를 만든, 시와는 거리가 먼 노동자를 대체하는 상징적인 존재들이다. 영국의 영주들은 저희들이 만든 작품을 바라보며 농노의 오두막이나 노새 따위의 짐승이 '작품'을 추하게 만들까 봐 신경을 바짝 곤두세웠다. 엄청난 공을 들여 자연을 모사한 정원을 창조해냈기 때문이다. 서리^{영국 잉글랜드 남동부의 주}의 대저택 침실에서 내다보는 정원은 마치 사람의 손길이 닿지 않은 것처럼 고전적인 시골 풍경을 재현하지만, 실제로는 그랜드 투어^{영국 귀족 자제의 최종 교육 단계로 여겨졌던 유럽 여행} 중에 토스카나에서 바라본 언덕의 느낌을 살리기 위해 정교하게 꾸며놓은 것이었다.

졸업 논문을 쓰는 도중 나는 그랜드 투어라는 개념에 깊이 매료되었다. 부유한 영국인의 일기 속에 나오는 이탈리아와 독일 여행담을 읽으며 그들을 좇아 그림과 조각상을 감상하고 구입하고 고즈넉한 정원을 거닐고 대리석에 감탄하고 폐허 밑에 서서 존재의 숭고한 무상함에 숙연해지곤 했다. 할 수만 있다면 멋진 일이었다. 성 미카엘 축일에 런던 킬번의 원룸 아파트로 아버지를 찾아뵈었을 때 나는 속으로 생각했다. '우리 아버지라고 그랜드 투어를 못할 이유가 뭐지?'

하지만 정작 기회가 왔을 때 아버지는 이탈리아보다 프랑스에 마음이 더 기우는 듯했다. 아버지는 프랑스의 음식과 도시와 여자가 좋다고 했다. 우리는 잠시 신경전을 벌였지만 언제나처럼 내가 이겼다. 스물세 살이 다 그렇듯 나는 선행을 베푸는 척하면서 결국 모든 것을 내

뜻대로 했다. 피렌체 여행을 예약했다. 호텔은 포르토 로소로 정했다. 얼마 전에 보수 공사를 끝냈다기에 유럽의 근사한 '고급' 호텔을 기대하고 갔지만 막상 도착해서 보니 19세기 이후로 변한 데라곤 없어 보이는 '하숙집'이나 다름없었다. 냉방 시설도 없는 데다—창문도 밤에만 열어야 한다는 엄격한 규칙이 있었다—전형적인 열쇠 모양의 열쇠는 무겁고 커다란 벨벳 술이 달려 있었다. 방만 휑하게 클 뿐 가구도 거의 없었다. 검붉은 바닥 타일 위에 까끌까끌한 침대보가 씌워진 불편한 침대와 삐걱거리는 옷장, 등의자가 전부였다. 텔레비전도, 미니바도, 당연히 음식도 없었다. 그런데 무심코 천장을 올려다보다 그곳에 대수롭지 않다는 듯이 보존된, 무명 화가가 그린 프레스코 벽화의 일부분에 눈길이 닿는 순간, 부아가 치밀어서 호텔 직원에게 득달같이 달려갈 생각을 했다는 것만으로도 나 자신은 물론이고 내 나라를 욕되게 했다는 사실을 깨달았다. 전망이라곤 없지만—12세기의 벽이 손바닥만큼 보이는 걸 전망이라고 하지 않는다면—그 당시 나는 허구의 인물과 함께할 수만 있다면 모든 것이 즐거웠다.

아침에 아버지와 나는 길을 나섰다. 보볼리 정원으로 갈 생각이었다. 하지만 우리뿐만 아니라 많은 관광객이 오늘은 이곳에 가야지 하는 원대한 계획을 세우고 피렌체의 호텔을 나섰다가 결국은 그 어디에도 이르지 못하고 만다. 지도를 손에 쥐고 좁은 골목길로 자신만만한 발걸음을 내딛지만, 젤라토 가게를 지나 인파를 헤치고 베키오 다리 Ponte Vecchio 앞에서 왼쪽 길로 들어서면 어린이병원이 서 있는 우중충

하고 황량한 거리와 마주치게 된다. 이미 기온은 40도를 넘어섰고 상인들은 가짜 프라다 가방으로 바가지를 씌우지 못해 안달이다. 끈덕지게 매달리는 이들에게 이제 그만하라는 애원의 눈길을 던진다. 오른쪽 길로 접어들었다가 왼쪽으로 방향을 틀고 한 번 더 오른쪽으로 돌지만 눈에 들어오는 건 피렌체 두오모^{정식 명칭은 산타 마리아 델 피오레 대성당}뿐이다. 조금 전에도 보았는데. 피렌체에서는 어디를 가나 마지막에는 이곳에 이르게 된다. 대성당이 끊임없이 위치를 바꾸는 듯한 착각이 든다. 기온은 계속 올라가고 골목길 돌담은 까마득히 높아 보인다. 초록색 오아시스가 차가운 물 한 병만큼이나 절실하지만 웬만해선 그곳에 이를 수 없다는 사실을 너무나 잘 안다. 초록 풀밭을 마지막으로 본 게 언제던가? 기차역 앞에서 본 작은 풀밭이 마지막 기억인 것 같다. 과연 그런 곳을 또 만날 수 있을까?

아버지와 나는 정원으로 가는 길에 어떻게든 재밋거리를 찾으려고 했다. 타고난 사진사인 아버지는 그늘을 찾아 뛰어다니는 아름다운 여자들을 사진기에 담았다. 사진에 별다른 소질이 없는 나는 '피렌체의 디즈니랜드에 오신 걸 환영합니다'처럼 비꼬듯이 벽에 갈겨쓴 낙서 따위에 렌즈를 갖다 대었다. 날씨가 더 더워졌다. "여기가 어디죠?" 내가 아버지에게 물었다. "피시 광장……"이라고 아버지가 중얼거리다 말고 별안간 "아까 그 다리를 건너갔어야 해"라고 말하며 무릎을 쳤다. 이 작은 지리학적 발견이 얼마나 큰 계시처럼 다가왔는지 지금도 기억이 생생하다. 토끼 굴처럼 꼬불꼬불한 이 아름다운 골목에서 벗어

나 정원으로 올라갈 수 있는 길을 마침내 찾아낸 것이다. 보볼리 정원의 진수는 이렇게 높은 곳에서야 온전히 맛볼 수 있다. 조금 전만 해도 중세 이탈리아의 미로에서 헤매는 영국 쥐가 된 기분이었는데 지금은 르네상스 시대의 청명한 공기를 마음껏 들이마시며 언덕길을 오르고 있다. 길 밑을 내려다보니 쉼 없이 위치를 바꾸는 대성당에 마침내 승리를 거두었다는 생각에 가슴이 뿌듯해왔다. 정원 안으로 발을 내디딜수록 한층 화려하고 깔끔하게 꾸며놓은 입구들이 나왔다. 사진기는 목에 매달린 채 맥없이 흔들리고 있었다. 이 작은 사진기에 정원을 담는다는 건 애초부터 무리였다. 더욱이 이곳에서의 '미적 경험'은 사진으로 기록되기 이전에 이미 찾아온다. 그러니 길가의 울타리를 연신 찍는다고 무슨 큰 즐거움이 있겠는가. 페니스를 우리 눈앞에 내놓은 채 거북 등 위에 앉아 있는 살찐 바쿠스를 바라보며 아버지가 "영국 정원하고 많이 다르지?"라고 조심스레 말했다. 한 호숫가에는 벌거벗은 넵투누스가 바위에 삼지창을 찔러 넣을 태세로 서 있고, 또 다른 호숫가에는 이름을 알 수 없는 사내가 앞발을 번쩍 치켜든 말 위에 올라앉아 있었다. 마치 바다가 사내 앞에서 갈라졌다가 이제는 그를 집어삼킬 듯 밀려드는 것처럼 보였다. 여기저기 돌아다니는 가금도, 나뭇잎도, 심지어 조약돌 하나까지 허투루 놓인 게 없는 듯했다. 보볼리 정원에서는 도시를 벗어나는 게 불가능하다. 게다가 주위를 둘러볼 때마다 울타리를 울타리처럼 보이지 않게 하려고 얼마나 공을 들였을까 하는 생각에 절로 감탄이 나온다. 보볼리 정원은 자연 속에 옮겨놓은 피렌체이자, 메디치가家 귀족의 연설 한 대목을 그대로 재현한 곳이다. 수세기 전 위세 좋게 말하던 그 목소리가 아직도 귓가에 쟁쟁하게 들리는 듯하다. "우리는 화가도 교황도 쥐어흔들 수 있습니다. 하물며 나뭇가지쯤이야 손쉽게 휘지 않겠습니까." 아버지 말씀이 맞다. 영국 정원과 비슷한 데라곤 조금도 없다. 노골적으로 드러내는 그 의도란. 이곳은 부와 권력을 숨김없이 말한다. 내가 난생처음으로 정원에서 주눅이 든 것은 이런 까닭에서일 것이다. 정원에서 옷차림에 신경을 쓰리라고는 단 한 번도 생각해본 적이 없는데 이곳에서는 나도 아버지도 그랬다. 타인의 환상곡 속으로 들어와 어슬렁거리는 촌스러운 관광객이 된 기분이었다. 대중에게 개방되었다고는 하나 이곳은 엄연히 메디치가의 정원이라서 사유지를 침범했다는 느낌이 내내 떠나지 않았다. 정원이 아름답지 않다는 뜻은 절대 아니다. 스미스가의 검소한 의견으로는 단지 '숨겨진 보물'이 부족할 따름이었다. 정원에 있는 모든 것이 보는 이의 감탄과 경외심을 자아내기 위해서 만들어진 듯했다. 주목 그늘이 서늘하게 드리운 산책로에서 잠시나마 뜨거운 햇빛을 피하고 이와 더불어 번쩍이는 조각상과 빌라의 첨탑도 피해 갈 수 있다는 게 얼마나 큰 위안이었는지 모른다. 우리는 보볼리 정원을 즐기기엔 뼛속까지 영국인이었던 모양이다. 우리 영국인들도 정원에 얼마간 허세를 부리긴 하지만 기본적으로 시원한 나무 그늘과 남의 눈을 피할 수 있는 공간이 있어야 한다고 생각한다. 나뭇가지는 천박한 힘의 과시로도 휘어지지만 때로는 고요함 속에서도 휘어진다.

정상에 올라 한숨 돌리는 동안 우리는 피렌체의 빨간 지붕을 부지런히 사진기에 담았다. 정원에서보다 사진을 더 많이 찍은 것 같다. 얼마간 시간이 흐른 뒤 아버지가 "정원이 아주 웅장했지"라고 말했다. 그때 이미 우리는 전혀 웅장하지 않은 카페로 내려와 참치 소스를 듬뿍 뿌린 연한 송아지 고기를 행복하게 먹고 있었다. 아버지의 편안한 모습을 보고 있자니 문득 샬럿 바틀릿E. M. 포스터의 소설 『전망 좋은 방』에 나오는 인물의 대사가 떠오르면서 통명스런 그녀의 목소리가 내 마음속에서 슬프게 메아리쳤다. "이번 여행은 애초에 생각했던 것만큼 좋지 않았어. 진작 알았어야 했는데."

빌라 보르게세, 로마

아버지가 돌아가시고 얼마 뒤 나는 로마로 이사를 갔다. 그해 겨울 슬픔에 젖어 있던 나에게 로마는 잿빛 돌과 사선으로 뿌리는 빗줄기로만 기억되었다. 그곳에 초록 땅이 있었는지 내 기억에는 없다. 나는 어디로 가는지도 모른 채 바람 부는 스페인 계단 앞을 허청허청 걸어갔다. 봄이 오자 도처에서 새싹이 올라왔다. 천사의 성Castel Sant'Angelo 주위로 풀이 돋아나더니 나지오날레 가街 옆 정원의 돌담 밑에도 푸른빛이 돌기 시작했다. 하지만 도심 곳곳의 분수에는 여전히 물줄기가 말라 있었고 깊은 우물은 메마른 바닥을 드러냈으며 '라파엘라, 사랑해' 같은 십 대 연인의 낙서가 군데군데 눈에 띌 뿐이었다. 우리가 키우는 개가 킁킁거리며 구석구석을 들쑤시고 다니지 않았더라면 로마에 이런 곳이 있다는 것도 몰랐을 것이다. 4월의 봄날 남편이 나지오날레 가의 정원으로 퍼그를 데리고 가면 이 녀석은 솔방울 같은 건 안중에도 없고 보고 있노라면 왠지 서글퍼지는 것들, 가령 자유의 여신상 복장이나 초록색 스프레이 페인트 통, 빈 양동이, 인도 이민자의 신분증 같은 것을 찾아내곤 했다.

보르게세 정원에서 15분도 안 되는 반대편 도심에서 살았는데도 이곳을 알게 된 것은 한참 후의 일이었다. 이런 점에서 보면 로마가 이 세상 모든 교구 중에서 최악의 교구가 아닐까 싶다. 거리거리가 매력이 넘치고 그 자체로 충만한 탓에 다른 곳으로 가고 싶은 마음이 거의 들지 않기 때문이다. 테베레 강을 건너 다른 동네보다 상대적으로 거친 트라스테베레로 처음 간 것이 몬티에서 1년쯤 산 뒤였다. 이번에도 개가 우리를 이끌었다. 이탈리아어를 몇 마디 구사하게 된 것도 다 개 덕분이었다. 어느 여름날 개를 데리고 나지오날레 가의 정원으로 갔는데 그곳에서 애견가들을 만나 수의사 정보와 혈통에 관한 이야기를 주고받게 된 것이다. (로마에서는 잡견이 한 마리도 안 보였다. 백과사전의 '개 품종' 항목에서 막 튀어나온 것처럼 온통 혈통 좋은 개들뿐이었다.) "E dove possiamo corriere con il nostro cane senza guinzaglio?(개를 풀어놓을 수 있는 곳이 있나요?)" 내가 떠듬떠듬 말하자 문법이 엉망인데도 선량한 이탈리아인들이 다 알아듣고는 동사며 형용사가 뒤죽박죽 엉키는 해독 불가능의 말을 속사포처럼 쏟아냈다. 그 속에서 우리는 간

신히 몇 개의 단어를 건질 수 있었다. 개를 풀어놓기에 최적의 장소가 한 부르주아 가문의 저택 안에 있다는 것이었다. 그나저나 그 저택이 어디에 있다는 거지? 아, 스페인 계단을 올라가면 나온단다. 먼저 저택이 보이고 곧이어 정원이 나온다. 박물관도 있고, 자전거도 있고, 호수도 있고, 그냥 동물원이 아닌 비오파르코^{생태 동물원}로 불리는 동물원도 있다. 케 아수르도!^{이탈리아어로 말도 안 되는 소리라는 뜻} 물론 정원 어디에나 개들이 넘쳐난다. 게다가 개를 위한 특별한 장소까지 마련되어 있단다!

보르게세 정원은 거대한 하트 모양인데 지도로 봐야 확인할 수 있다. 정원 안으로 들어가 동맥처럼 구불구불한 가로수 길을 걷다 보면 어떤 모양인지 도무지 감을 잡을 수 없다. 이쪽에는 카페, 저쪽에는 호수, 또 저쪽에는 박물관이 있어서 놀랄 것 천지인 데다 운 좋게 영화제를 구경할 때도 있고, 사보나롤라^{15세기의 이탈리아 종교 개혁자}의 흉상이나 회전목마와 맞닥뜨리는가 하면 어느새 흐드러지게 핀 라벤더 앞에 서 있기도 한다. 요컨대 아름다운 공원의 전형이다. 16세기 한 추기경이 만들어서 그의 후손들이 관리해온 이곳은 20세기에 이르러 로마 시민의 손으로 넘어온다.(추기경 가문이 소유했을 때에는 일요일과 공휴일에만 정원을 개방했다.) 햄스테드 히스나 센트럴파크처럼 이곳에도 한가로이 거닐 수 있는 넓은 가로수 길과 연인들이 책 읽고 입맞춤할 수 있는 수풀 우거진 언덕, 그리고 아이들과 개들이 마음껏 뛰놀 수 있는 너른 공간이 있다. 흥미로운 사실은 아이들도 개들도 옷을 잘 차려입고 공원에 온다는 것이다. 런던이나 뉴욕에서는 보기 힘든 광경이다. 한번은 노란 비옷에 노란 모자를 쓰고 노란 장화 네 짝을 신은 보르조이^{개의 한} 품종를 본 적도 있었다. 일요일에는 굽슬굽슬한 머리에 리본 핀을 꽂고 속치마까지 챙겨 입은 여자아이들과 〈포춘〉 선정 500대 기업 최고경영자가 입을 법한 블레이저에 넥타이를 맨 남자아이들을 심심치 않게 볼 수 있다. 개를 마음 놓고 풀어놓을 수 있는 곳이라고 해서 왔건만 이곳에도 바버 재킷으로 대표되는 끔찍한 영국 의상에 대한 로마인의 페티시즘이 도처에 널려 있었다. ("영국인처럼 우리도 바람 쐬러 나왔어요. 영국인처럼 우리도 개 산책시키고 있어요"라고 재킷들이 서로에게 말하는 듯했다.) 높은 이탈리아 소나무 숲이 개들에게는 멋진 장애물 코스가 된다. 날렵한 하운드들이 '8' 자 모양을 그리며 서로를 쫓는 동안 주인들은 느긋하게 언덕에 앉아 타인의 사생활을 은밀히 지켜본다. 〈공원에서 일어난 일〉은 비토리오 데시카 감독이 1953년에 만든 아름다운 영화의 영어 제목이다.(이탈리아 원작 제목은 〈빌라 보르게세〉다.) 영화를 보고 있자면 마치 아파트 건물의 문이 모조리 떨어져 나가서 그 안이 훤히 들여다보이는 것 같은 기분이 든다. 여섯 개의 짧은 이야기를 통해 데시카 감독은 관음증의 영광을 드높이는 한편 세구에^{중단 없이 다음 악장} 으로 넘어가라는 뜻의 음악 용어의 힘을 찬양한다. 그에게 공원이란 지도 없이 떠나는 여행이나 다름없다. 영화에서 그려지듯 우리는 소풍을 간다든지 박물관에 간다든지 하는 특정한 목적을 가지고 공원으로 발걸음을 옮기지만, 막상 그곳에 도착하면 뜻하지 않은 유혹과 새로운 기회를 맞닥뜨리는 바람에 이곳에서 저곳으로 가겠다는 애초의 계획 같은 건 깨끗이 잊게 된다. 영화의 한 일화에서 로마의 매춘부 둘이 경찰을 피해 도망가다 우연히 공원에서 만난 뒤 우여곡절 끝에 그곳에서 열리던 '미스 시네마' 선발 대회에 참가하게 된다. 이 이야기가 전하려는 메시지는 보르게세 정원에서는 누구나 꿈을 이룰 수 있다는 것이 아닐까 싶다. 이처럼 신분의 고하가 없다는 것이 이곳의 진정한 매력이다. 이곳은 그 누구도 배척하지 않는다. 이를테면 공원의 모든 흉상 밑에 이름이 새겨져 있다는 사실! 물론 19세기의 취향 문제로 치부해버릴 수도 있지만 이름의 유무에 따라 큰 차이가 생긴다. 자신의 무식을 부끄럽게 여기며 초조하게 공원을 거닐 사람은 그 누구도 없기 때문이다. 어떤 주부는 다빈치 상 앞으로 다가가 '계집아이처럼 광대뼈가 나왔잖아. 턱수염이 저렇게 텁수룩하니까 더 웃기네'라고 생각할 것이고, 또 어떤 노동자는 아르키메데스 앞에서 젤라토를 먹으며 석상의 눈을 빤히 들여다본 뒤 '우체국에서 나오는 지안카를로이탈리아에서 가장 흔한 남자 이름 가운데 하나와 똑 닮았네'라고 생각할지도 모른다. 아버지도 이 모든 것을 좋아하셨을 텐데.

죽음을 애도하는 초기 단계에서는 얼마 전 세상을 등진 그 사람이 지금도 살아 있다면 내가 하고 보고 먹는 것을 그 사람도 하고 보고 먹고 싶어 했을 텐데, 하고 생각하며 감상에 젖을 때가 많다. 아버지도 주먹밥 튀김을 잘 드셨을 텐데. 판테온도 좋아하셨겠지. 짙은 눈썹의 소녀 같은 로세티 상을 보셨으면 또 얼마나 좋아하셨을까. 이 시기에는 감정의 과잉이 일어나게 마련이다. 그렇다고 해도 아버지와 내가 이곳에서 큰 행복을 누렸을 거라는 데는 의심할 여지가 없다. 아버지 없이 정원을 거닐며 우리의 마지막 여행, 그러니까 피렌체 여행보다 더 나을 게 없었던, 사람만 많고 비싸기만 했던 베네치아 여행을 떠올리는 것은 행복하면서도 씁쓸한 일이었다. 왜 로마 생각을 못 했을까? 나처럼 아버지도 아프리카 가족과 인도의 연인, 그리고 손을 맞잡은 집시 소녀들처럼 로마에 갓 이민 온 사람들을 만나는 게 신났을 텐데. 또 돗자리를 깔고 앉아 식료품 가게 주인도 잡초로 오인할 고수 냄새를 풀풀 풍기며 도시락을 까먹는 것도 좋아하셨을 텐데. 이민자들이 공원을 자신들에게도 활짝 열린 진정한 공원公園으로 인식하려면 꽤 오랜 시간이 걸린다는 사실을 아버지도 나도 경험으로 잘 알고 있었다. 1975년에 엄마는 세인트 제임스 공원St. James Park에서 유모차를 밀고 가는 흑인 여자는 자기밖에 없다고 다소 과장된 목소리로 (그러면서도 은근히 자부심을 내비치며) 투덜거리곤 했다. 간혹 한 세대는 살아야 문이 활짝 열릴 거라는 확신이 들 때가 있다. 이런저런 문이 이런저런 사람에게 굳게 닫혀 있는 이탈리아에서 자유를 만끽할 수 있는 정원은 그 자체로 아름답다.

로마에서 지낸 이태 동안 우리는 보르게세 정원에 거의 정기적으로 갔다. 몬티에서 멍하게 지내는 일상이 끔찍해지면 공원으로 발걸음을 옮기곤 했다. 공원에서 나설 때는 발길이 떨어지지 않아서 혼났다.

유쾌한 혼돈의 세계인 공원에서 나와 규칙으로 가득 찬 관습의 도시로 향하는 건 결코 쉬운 일이 아니었다. 봉골레에는 치즈를 넣으면 안 돼. 지금은 카푸치노 마실 시간이 아니야. 피자는 이쪽 계단에서 먹어야지, 저쪽 분수대에서는 먹으면 안 돼. 12월에는 인도에 가고 2월에는 프랑스로 스키 타러 가야지. 그리고 9월에는 당연히 뉴욕으로 가는 거야. 로마인들은 무엇을 하든지 간에 완벽하고 유쾌해 보이지만 하나같이 이때는 이렇게 행동하자고 목소리를 높일 때는 불편해지기도 한다. 이들은 마치 "우리가 하는 일이 이렇게 완벽하고 유쾌한데 왜 다르게 행동해야 하지?"라고 말하는 듯하다. 일견 맞는 말일 수도 있지만, 로마의 정원으로 도망치듯 와서 그 누구도 불쌍하게 쳐다보지 않는 이곳 풀밭에 앉아 먹고 싶은 대로 먹고 영국인답게 술 한 잔 쭉 들이켜는 광경은 생각만 해도 짜릿하다. 이탈리아의 공원에는 영국인이 좋아하는 모든 것, 이를테면 이탈리아의 태양과 음식과 하늘과 예술과 언어의 소리가 있다. 이탈리아에서 즐거움을 누리려면 으레 따라오는 불편한 규칙 따위는 없다. 영국인 여자는 제 나름의 방종한 방식으로 이 경이로운 땅을 온전히 즐긴다. 그러다가 판테온 근처에서 사온 아란치니^{빵가루를 묻혀서 튀긴 주먹밥}를 내려다보며 아버지도 이 기름기 많은 음식을 좋아하셨겠지 하는 생각을 한다. 공원에 오가는 사람들을 지켜보다가 뱃놀이를 하러 가겠지. 아니면 취기가 오른 나머지 풀밭에 누워 소르르 잠이 들든가.

아버지가 돌아가신 뒤 나는 산더미 같은 일을 내버려둔 채 황망히

로마로 향했다. 유품도 아버지 방에서 대충 정리해 상자에 넣고는 우리 집 지하실에 팽개치듯 두고 왔다. 유품을 다시 정리한 건 이태 뒤 집으로 돌아오고 나서였다. 유품이라고 할 만한 것도 별로 없었지만 그 속에서 우리의 마지막 여행지인 프랑스와 이탈리아에서 찍은 사진 몇 장이 눈에 들어왔다. 아버지가 즐거우셨을 거라는 생각이 들면서도 사진에서 왠지 의무감 같은 게 느껴졌다. 마치 나를 기쁘게 해주려고 찍은 사진들 같았다. 아버지는 커다랗게 뽑은 사진을 두툼한 서류 봉투에 넣어 나에게 보내는 걸 좋아했다. 엽서처럼 완벽하지만 또 그만큼 지루한 사진들. 그중에 눈길을 잡아끄는 사진이 한 장 있었다. 프랑스의 카르카손느(아버지가 선택한 여행지)에서 찍은 사진이었다. 아버지는 그곳을 지나던 중 평소의 아버지답게 않게 느닷없이 차를 세우라고 하더니 차에서 내려 몇 발자국 되짚어간 뒤 깎아지른 듯한 벼랑 끝에 서서는 계곡을 내려다보았다. 그런 다음에 언덕과 골짜기와 숲과 들판과 그 사이로 굽이쳐 흐르는 강물의 장엄한 풍광을 사진기에 담았다. 아버지는 나에게 그 사진을 보내지 않았는데 유품을 정리하다 보니 그것과 똑같은 사진이 여러 장 나왔다. 마치 아버지 당신이 가장 좋아한 정원은 야생 상태의 정원이라는 사실을 나에게 알리고 싶지 않았던 것처럼.

덤버턴 오크스,
워싱턴 D.C.
DUMBARTON OAKS

빌 클린턴
PRESIDENT BILL CLINTON

덤버턴 오크스 정원에는 놀라움이 가득하다. 지난번에 미처 보지 못한 문이나 울타리를 발견하고는 그 새로움에 깜짝 놀라곤 한다. 이곳에 열 번 오면 열 번 다 신선한 경험을 하게 된다. 돌담에 새겨진 시의 한 구절이 새록새록 눈에 들어오는가 하면, 돌길에 이런 무늬가 있었나 싶게 감탄하기도 한다. 정원의 역사는 또 어떠한가. 이디스 워턴이나 앨저 히스, 안드레이 그로미코 같은 이름을 대면하고는 또 한 번 놀라게 된다.

내가 덤버턴 오크스에 처음 온 것은 조지타운대학교에 입학하던 1964년이었다. 그 전해에 보이스 네이션^{Boys Nation} 대표로 워싱턴에 오긴 했지만 내가 이곳의 정치적, 역사적 배경에 관심을 갖게 된 것은 워싱턴으로 거처를 옮기고 난 뒤였다. 정원은 언제나처럼 고요했고, 책한 권 들고 벤치에 앉으면 철문 너머의 삶은 두 시간 남짓 가마득하게 잊을 수 있었다.

지금도 힐러리와 함께 테라스 사이를 거닐며 구불구불한 오솔길을 굽어보노라면 역사의 기운이 도도하게 느껴지는 듯하다. 워싱턴의 정원답게 덤버턴 오크스는 정연한 유럽과 길들여지지 않은 미국이 공존하는 곳이다. 가파른 언덕 위로 계단식 정원이 이어지고 테라스는 방으로 연결되며 공간을 나누는 울타리와 돌담이 곳곳에 세워져 있는가 하면, 과실나무와 개나리가 흩뿌려진 잔디밭이 비탈 아래까지 시원하게 펼쳐져 있다. 저 아래 오솔길에서는 언덕 위에 자리 잡은 저택이 시야에 가려 보이지 않는다. 분수에서 떨어지는 물줄기 소리와 정원 아래 야생의 덤버턴 국립공원에서 흘러내리는 개울물 소리만이 깊게 내려앉은 정적을 흔들 뿐이다.

도시의 공원이 으레 그렇듯이 덤버턴 오크스에서도 이 아름다운 공동 자산을 즐기는 다양한 사람들을 볼 수 있다. 힐러리와 나는 이곳에서 전 세계 사람들을 만난다. 대부분이 호기심 많은 관광객인데 이들은 이름과 출신 국가를 말한 뒤 함께 사진을 찍을 수 있느냐고 공손하게 부탁하고는 사진을 찍고 나면 우리를 뒤로한 채 산책을 계속한다.

나 같은 역사광에게 정원의 기원은 정원 못지않게 흥미롭다. 특히 정원을 만든 두 여인 이야기는 언제 들어도 재미있다. 1921년 밀드레드 블리스 부인은 조경가 비어트릭스 페란드Beatrix Farrand에게 설계를 맡기며 조지타운의 고지대에 자리 잡은 6만 5천 평에 이르는 황무지를 아름다운 정원으로 조성해달라고 부탁한다. 페란드는 쉰 살에 이미 예일대학교와 백악관을 비롯하여 100여 개에 이르는 개인 정원과 공원을 설계한 당대 최고의 조경 전문가였다. 그중에서 가장 오래 사랑받는 최고의 역작은 역시 덤버턴 오크스다. 이 정원을 설계하던 당시 그녀의 사무실에서 일하던 조경가 세 명이 모두 여자였다. 하기야 사무실 직원이 모두 여자인 적도 있었다.

페란드에 대한 밀드레드 블리스 부인의 신임이 하도 두터워서 집 설계를 맡은 '매킴, 미드&화이트McKim, Mead&White, 20세기 초반 미국의 유명 건축 회사'의 건축가 프랭클린 화이트는 집 외관에 대한 허락을 주인보다 먼저 페란드에게 받아야 했다. 블리스 부인은 정원이 집에 어울리는 게 아

니라 집이 정원에 어울려야 한다고 생각했다.

이 집은 또한 그 자체로 역사를 지니고 있다. 1944년 연합국 대표가 모여 국제연합의 토대를 마련한 덤버턴 오크스 회의가 바로 이곳에서 열린다. 냉방 시설이 거의 갖춰지지 않은 워싱턴에서 시원한 곳을 찾던 중에 미 국무부의 신성 앨저 히스—훗날 소련 간첩으로 몰려 법정에 서는 것으로 유명세를 치른다—가 이 집과 정원을 회의장으로 추천한 것이다. 이때 블리스 부부는 이곳을 하버드대학교에 기증한 뒤였다. 미국, 영국, 소련의 외교관들은 이곳에 6주 넘게 머물렀다. 회의에 참석한 젊은 소련 대사 안드레이 그로미코Andrei Gromyko는 공산당 서기장이 다섯 번 바뀌고 최고회의 의장이 아홉 번 바뀌는 동안 소련의 외교 정책을 총괄했다. 헨리 키신저Henry Kissinger가 "그로미코와 한 시간 동안 이야기하고도 살아남는 사람은 스스로를 외교관이라고 불러도 좋다"라고 말할 정도로 타고난 협상가였다.

회의가 진행되는 동안 각국의 대표들은 주로 정원의 높은 곳에 위치한 메인 테라스에서 점심을 먹었다. 비가 오는 날에는 오렌지나무 온실을 이용했다. 회의 참석자 가운데 한 명은 자신의 회고록에서 점심 식사 동안 긴장이 완화된 덕에 첨예하게 대립하던 많은 문제들이 해결되었다고 썼다. 덤버턴 오크스 저택에서 열린 회의가 대성공이라고 말할 수는 없어도 저 아래 아름답게 펼쳐진 정원이 합의를 이끌어 내는 데 톡톡히 한몫했을 거라고 나는 믿는다.

덤버턴 오크스에 올 적마다 힐러리와 나는 모처럼의 여유를 즐기며

정원을 만든 강인한 여성들과 이곳에서 열렸던 세상을 바꾼 회의를 떠올린다. 그러고는 이곳이 워싱턴과 미국에서, 더 나아가 세계사에서 차지하는 위상을 생각하며 흐뭇함에 젖는다. 모퉁이를 돌면 마치 멀리서 찾아온 사람이 신기한 이야기보따리를 풀어놓는 것처럼 놀라운 일이 벌어질 것만 같다. 혹은 간혹가다 한가로이 벤치에 앉아 책의 세계에 빠진 젊은 남녀를 발견하거나.

자르디노 푸블리코,
트리에스테
GIARDINO PUBBLICO

잔 모리스
JAN MORRIS

TRIESTE
A
JAMES JOYCE

NEL CENTENARIO
DELLA NASCITA
1882 - 1982

이탈리아와 슬로베니아가 만나고, 아드리아 해가 뭍과 만나는 깊숙한 지점에 오래된 항구도시 트리에스테가 있다. 이 미항의 한복판에 무치오 데 토마지니 시민 공원Giardino Pubblico Muzio de Tommasini이 있다.

많은 도시에서 정원과 공원은 공간에 윤기를 더하고 도시를 돋보이게 하며 도시의 역사를 홍보하고 도시의 양식을 보여준다. 하지만 트리에스테의 무치오 데 토마지니 시민 공원은 이런 흐름에서 멀찌감치 떨어져 있다. 일단 이곳에 눈길을 주는 관광객이 많지 않다. 그다음, 무치오 데 토마지니가 누구인지 아는 사람이 거의 없다. 공원은 번화한 도로에 포위당한 채 초록 나무와 풀들만이 무성한 좁은 외딴곳에 지나지 않으며 시민들로 북적이지도 않고 관광 안내 책자에는 두어 줄 간략하게 소개되어 있을 뿐이다.

그럼에도 불구하고 공원은 묘한 매력을 발산한다. 맨해튼의 센트럴 파크나 더블린의 웅장한 피닉스 공원Phoenix Park처럼 도시의 속성을 만천하에 드러내는 대신 이곳은 도시의 속성을 조용히 제 몸 안으로 받아들인다. 요컨대 도시의 의미를 훨씬 웅숭깊게 표현하는 도시의 축소판이라 하겠다. 트리에스테는 스스로를 자랑스럽게 여기되 결코 난하게 내보이지 않는다. 무치오 데 토마지니는 성웅도, 개혁 정치가도 아닌 그저 명망 있는 향토 식물학자에 불과하다.(우리에게도 친숙한 사프란인 크로커스 토마지니아누스가 그의 이름에서 따온 것이다.) 하지만 여기서 중요한 사실은 그가 트리에스테 시장으로 재임했으며 그가 만든 공원이 무엇보다도 '지역 명사의 정원'이라는 것이다.

트리에스테는 즐거운 혼돈이다. 합스부르크 왕가의 오스트리아-헝가리 제국은 수백 년 동안 이곳을 통치하며 지중해 진출의 교두보로 삼았는데 트리에스테는 이 시기의 잔재라 할 수 있다. 이곳은 사실상 비엔나의 항구였으며 세계에서 가장 큰 항구도시 가운데 하나였다. 민족적 단층선 위에 위치한 만큼 이탈리아와 슬라브와 독일의 문화가 혼재했으며 제1차 세계대전 이후 합스부르크 왕가의 제국이 멸망하자 리소르지멘토[19세기 이탈리아의 통일 운동]에 힘입어 이탈리아에 편입되었다.

하지만 영광의 시대는 지나갔다. 유럽에서 제 역할을 잃은 뒤 도시의 또 다른 존재 목적을 찾지 못한 것이다. 토마지니 시민 공원은 1854년 제국이 맹위를 떨치던 시기에 만들어진 까닭에 부르주아지의 화려한 시절을 추억한다. 하지만 그 시절을 추억할 뿐 기념비처럼 애잔한 향수를 불러일으키지는 않는다. 19세기에 상인의 도시 트리에스테는 수단 좋은 전 세계 무역상들을 항구로 끌어모으며 막대한 부를 축적했다. 목화 산업으로 일어난 영국의 맨체스터나 일리노이 주의 산업 도시 시카고처럼 이곳도 교양 있는 코즈모폴리턴 부르주아지가 문화의 흐름을 주도하는 지성인의 도시였다. 토마지니 시장의 정원에는 시민의 충성심이 지금도 살아 숨 쉬는 듯하다.

시끌벅적한 체사레 바티스티 거리를 따라 올라가다가 (지역의 명망가들이 지금도 자주 드나드는 중턱의 산 마르코 카페에 들러 커피 한잔 마시고) 공원 입구에 이르면 야단스러운 광경이 방문객을 제일 먼저 반긴다. 길

이 두 갈래로 갈라지고 공원이 시작되는 지점에 느닷없이 커다란 조각상이 버티고 서 있는 것이다. 살아생전에 트리에스테에서 가장 빛나는 지성이자 막강한 영향력을 행사한 도메니코 로세티Domenico Rossetti다. 그는 도시 행정가의 아버지이자 박애주의자요 변호사이고 학자이며 문인이자 예술 후원자였다. 트리에스테 시민의 전범을 보여준 그는 1842년에 영면했다.

받침돌의 벽면에 고고학과 시학과 법학으로 상징되는 여자 셋이 위태롭게 손을 내밀고 로세티를 우러러보는 가운데, 로세티는 한 손에 책을 들고 다른 한 손은 가슴에 얹은 채 장엄하게 서 있다. 기다란 청동 망토가 어깨 너머로 엄숙하게 늘어져 있다. 로세티가 살짝 곱사등이라는 사실을 감추기 위해 조각가가 덧입힌 것이겠지만 오히려 극적인 효과를 높인다. 뒤편에는 가슴을 드러낸 트리에스테 동상이 오스트리아 독수리의 날카로운 발톱에서 벗어나려고 몸을 비틀고 있다.

하지만 요란한 광경도 이걸로 끝이니 이제 편안하게 숨을 내쉬어도 좋다. 허세 부리는 로세티와 승리에 취한 트리에스테 앞을 지나면 마침내 해방이다. 공원에는 찬연한 신록과 평온만이 가득하다.

내가 보기에 공원은 길이가 삼사백 미터에 이를 것 같지만 이건 어디까지나 눈짐작일 뿐이다. 이곳은 신기하게도 길이가 늘어나는 것 같아서 『이상한 나라의 앨리스』에 나오는 꿈의 정원처럼 돌 하나까지 정겹게 느껴지다가도 어느 결에 길을 잃을 만큼 드넓어 보이기도 한다.

토마지니가 원했을 모습 그대로 소나무에 가시나무, 월계수, 코르크나무, 스페인 전나무, 레바논 삼나무, 세쿼이아, 이름을 알 수 없는 나무에 이르기까지 온갖 종류의 짙푸른 수목이 공원을 둘러싸고 있다. 이 외딴곳을 멋지게 에워싼 나무 동산은 빅토리아 시대의 위엄을 느끼게 해준다. 나뭇가지 사이로 쉼 없이 지나가는 차량의 행렬이 언뜻 보이고, 너울거리는 나뭇잎 너머로는 차 소리가 시끄럽게 들린다. 그러나 만발한 꽃 위로 벌과 나비가 날고 클로버가 지천으로 자란 풀밭 근처의 벤치에 앉아 가만히 자연에 몸을 맡기고 주위를 둘러보면 느긋하게 19세기를 즐기는 자신을 발견하게 될 것이다.

이곳에서는 모든 것이 조화롭게 어우러진다. 공원 주위로 또는 한복판을 지나 관목림 사이로 굽이도는 좁은 길을 따라 걷다 보면 잠시 쉬어 갈 벤치를 비롯한 다양한 편의 시설을 만나게 된다. 행여나 풍기를 어지럽히는 자가 있는지 감시할 목적으로 제3지구 치안센터가 한쪽에 세워져 있다. 이 뻔뻔한 노란 건물은 합스부르크 왕가 시대로부터 내려온 권위주의의 잔재라 할 수 있다. 우거진 나무 사이로 작은 롤러스케이트장과 돌로 만든 탁구대, 체스 판이 놓인 작은 빈터, 아담한 놀이터, 분수대와 그 옆에 레다와 백조 조각상이 있다. 그리고 오리가 한가로이 노니는 연못과 나무숲을 지나 공원 꼭대기에 이르면 노천카페가 나온다.

공원에서는 야단스럽게 구는 사람, 가령 롤러스케이트를 타거나 탁구를 치거나 심지어 체스를 두는 사람도 찾아보기 힘들다. 그 대신 산책 나온 사람 두엇과 연못가에서 뛰노는 아이들, 그리고 조용히 이야기를 나누면서도 아이들에게서 시선을 떼지 않는 엄마들을 보게 될 것이며, 홀로 벤치에 앉아 있거나 자거나 명상하거나 연서를 쓰거나 낡은 책을 읽거나 무심한 눈길을 던지는 사람들을 만나게 될 것이다. 연못가에선 시무룩한 표정의 갈매기와 오리 두어 마리가 보이고 검은 고양이가 주위를 아슬랑댄다. 떼까마귀가 까옥까옥 울고 참새가 호드득 날아가며 도마뱀 한 마리가 치안센터 건물 벽을 방정맞게 기어 올라간다. 노천카페에는 노부인들이 진지한 표정으로 카드 게임에 몰두해 있는데, 개중에 몇몇은 염색한 지 꽤 지났는지 머리칼이 희푸르게 세어 있고 하나는 점수를 종이 위에 부지런히 기록하고 있다.(내가 어깨 너머로 흘낏 넘겨다보았다.)

이 모든 것이 나에게는 충족과 평온을 말해주는 듯하다. 이곳은 세련되고 교양미가 넘치며 스스로 기꺼워한다. 귀족의 정원도, 싸구려 술집이 즐비한 거리도, 코니아일랜드_{뉴욕의 브루클린 남쪽 해안에 있는 유원지}도, 로튼 거리_{런던 하이드 공원의 승마 도로}도 아닌, 성공한 중산층이 자랑스럽게 여기는 기쁨의 공간이다. 그 옛날 트리에스테가 이곳을 '지역 명사의 정원'으로 만든 까닭이다.

토마지니 시민 공원을 거닐다 보면 어디서나 받침돌 위에 청동이나 대리석으로 세운 명망가의 흉상과 맞닥뜨리게 된다. 풀밭 위에 황량

하게 놓인 조각상이 있는가 하면 자기만의 꽃밭을 온전히 누리는 조각상도 있다. 이들을 피할 도리란 없다. 나무 그늘 아래에서 쉬다 햇빛 밝은 곳으로 나가는 순간, 어느 명망가의 뒤통수가 눈에 들어온다. 관목림 사이에서 길을 잃어도 바로 옆의 조각상이 방위를 알려준다. 풀밭 위에 떨어진 초콜릿 껍질 하나도 조각상의 눈길에서 벗어날 수 없다. 조각상을 보고 있노라면 때로 이스터 섬에 있는 돌 거상巨像이 연상된다. 조각상은 받침돌 위에 떠받들어진 트리에스테 그 자체다.

지난번에 대충 세어본 바에 따르면 여자 흉상 하나를 비롯하여 모두 마흔 개의 상이 있다. 트리에스테 시의 문화적·지적 발전에 크게 기여한 인물을 기리기 위해 세워진 것이다.

조각상이 사실 그렇게 유쾌해 보이지는 않는다. 내가 애써 미소를 지어 보여도 모아이인상처럼 이들 역시 미소로 화답하는 경우는 없다. 음악가에 예술가, 시인, 학자, 교육자, 식물학자(특별히 마련된 공간에 토마지니 자신도 있다), 이탈로 스베보, 제임스 조이스(청동으로 만든 틀이 액자처럼 흉상 주위에 세워져 있다. 이곳을 방문했다는 것을 기념하기 위함인 듯하다)까지 다양한 군상이 모여 있다. 턱수염이 있거나 안경을 쓰거나 한둘은 모자를 쓰고 있다. 살아생전에 비슷한 데라곤 없었겠지만, 조각상으로 남은 지금, 이들은 상징물로 하나가 되었다.

모르는 이름도 간혹 눈에 띄지만 전체적으로 이들은 정겹고 (약간 우스꽝스럽기도 하지만) 가슴 뭉클한 감동을 안겨준다. 제 도시를 아끼고 자랑스러워한 이들의 마음이 전해지기에.

옛 트리에스테의 명사이자 미덕인 이들은 짙은 녹음 아래 오리와 새와 간혹 눈에 띄는 도마뱀과 카드 놀이하는 노부인들, 그리고 벤치에 앉아 여유를 즐기는 산책객과 함께 세상사를 뒤로한 채 이 아름다운 정원에서 영원토록 살아간다.

고리키 공원, 모스크바
GORKY PARK

차르스코예 셀로
/ 키로프 공원,
상트페테르부르크
TSARSKOE SELO / KIROV PARK

이언 프레이저
IAN FRAZIER

모스크바에서 상트페테르부르크까지

1993년 7월 러시아에 처음 갔을 때 나는 그 엄청난 잡초에 놀라지 않을 수 없었다. 셰레메티예보 공항에서 모스크바까지 오는 길가에도, 퍼런 이끼가 앉은 오래된 육교의 층계에도, 소련 시절에 지은 다 허물어져가는 교외의 아파트 건물에도 풀이 2층까지 수북했고, 제2차 세계대전 중에 나치가 가장 깊숙이 침공해 들어온 지점을 알려주는 거대한 대전차 장애물의 철골 주위에도 풀이 우거졌다. 도처에 잡풀이 이렇게 성한 걸 보면 모스크바는 봄에 비가 많이 내리는 모양이었다. 소들도 잡초 사이로 굽이도는 길을 따라 걷고, 염소를 치는 여자들도 잡초를 헤치며 버섯을 따러 다녔다. 잡초가 없는 유일한 곳은 어느 교회의 작은 앞마당이었는데 때마침 일꾼이 커다란 낫으로 건초를 베고 있었다. 그때는 공산주의 체제가 붕괴된 지 얼마 안 되던 터라 모든 것이 극심한 변화를 겪고 있었고 앞으로도 어떤 일이 일어날지 아무도 몰랐다. 이렇게 혼란한 시기에 더부룩하게 자란 잡초는 도시 전체에 황량하고 거친 느낌을 더했다.

이때 나는 러시아 예술가 친구들과 여행을 하고 있었는데 이들은 15년 전 미국으로 망명한 뒤 한 번도 고국 땅을 밟지 않은 터였다. 이들에게 고국행은 신경의 줄이 팽팽히 긴장되고 만감이 서리는 일이었다. 모스크바 현대예술협회와 뉴욕의 예술가 집단이 소련의 조각상과 관련된 전시회를 공동 기획하면서 조각상 처리 방법도 함께 의논하기로 했다. 남녀 공산당원이 미래를 향해 힘차게 나아가는 그 유명한 조각상을 아트 슈피겔만Art Spiegelman이 자신의 색깔로 다시 그린 그림이 전시회 작품 중에서 가장 인기가 좋았다. 그림 속 노동자 남녀는 발밑의 받침돌이 저만치 뒤로 물러나 마치 허공 속으로 발을 내딛는 것처럼 보였다. 내 친구인 비탈리 코마르와 알렉산드르 멜라미드는 예술가 협회에서 쫓겨나 미국으로 망명한 뒤 러시아에서 자신의 작품을 대중 앞에 처음 선보이는 것이었다. 알렉스 멜라미드의 아내이자 화가인 카티아 아르놀드와 나는 길을 나섰다 싶으면 몇 날 며칠 모스크바를 돌아다녔다. 조각상을 보는 게 목적이다 보니 어느 조각상 하나 허투루 보이는 게 없었다. 그런데 우리 말고 모스크바 시민도 조각상에 제법 관심이 있는 모양이었다. 러시아 남자 하나가 레닌의 아내인 나데즈다 크룹스카야 조각상 앞에 서더니 욕지거리를 내뱉는 것이었다. 카티아가 알려준 바에 따르면 그 사내는 크룹스카야 눈이 개구리눈처럼 튀어나왔네 하는 인신공격을 퍼붓고는 다음 순간 차마 입에 담을 수도 없는 상욕을 마구 쏟아냈다고 한다.

　연필 스케치와 실물 크기의 다양한 형상이 대부분인 작품들은 흡사 차고처럼 생긴 어둑한 문화센터의 한쪽 모퉁이에 전시되어 있었다. 이곳도 앞마당은 온통 잡초 밭이었다. 공산주의 정권에 세워진 뒤 최근에 철거된 조각상들이 마치 원자재로 쓰라고 내놓은 것처럼 잡풀 사이에 아무렇게나 뒹굴고 있었다. 그때만 해도 난 우상으로 떠받들어진 소련의 권력자에 대해서 아는 바가 거의 없었다. 바닥에 등을 댄 채 얼굴을 하늘로 쳐들고 있는 저 좌상이 볼셰비키 혁명의 지도자이자 래닌과 스탈린의 동료이며 1918년 7월 차르와 황족의 암살 지령을 내렸다는 야코프 스베르들로프$^{Yaakov Sverdlov}$라고 했다. 처음 듣는 이름이었다. 이제는 실물보다 몇 배나 큰 차디찬 석상으로 남았지만 무테안경에 턱수염이 뭉툭한 그가 내 눈에는 왠지 자상해 보였다.

다른 조각상도 많았다. 앞으로 고꾸라진 레닌에 반듯이 누운 레닌, 마지막 한마디가 지금 막 생각난 듯 손을 하늘로 뻗치고 있는 레닌까지 연설하는 레닌 상이 여럿 보였고, 모로 누운 스탈린의 분홍 대리석상과 러시아 친구들도 모르는 조각상이 두어 개 더 있었다. 그때 냉전에 대해 좀 더 많이 알았더라면 바닥에 나뒹구는 적군의 시체 사이를 걷고 있다는 생각이 들었을지도 모른다. 하지만 다른 사람들처럼 나도 사적인 경험에 보다 반응을 보이는 모양이다.

큰길을 따라 걷다 교차로 위로 우뚝 솟은 거대한 조각상을 보는 순간 호기심이 동했다. 우주 비행사 유리 가가린의 조각상이라고 카티아가 설명해주었다. 가까이서 올려다보니 인류 역사상 첫 우주 비행사가 로켓 배기구처럼 생긴 이상한 기둥 위에, 그것도 금방이라도 하늘로 솟구칠 듯 높다란 기둥 위에 '우주 소년 아톰'처럼 서 있는 모습이 일견 우스꽝스러워 보였다. 그 순간 과거의 한 장면이 머리를 스치고 지나갔다. 카티아에게 기둥 밑에 새겨진 날짜가 4월일 테니 가서 한 번 보자고 말했다. 과학자였던 아버지가 러시아가 먼저 로켓을 발사했다고 흥분하시던 모습이 불현듯 생각난 것이었다. 화창한 봄날, 마당에서 놀다 현관으로 들어가는데 아버지가 풀이 잔뜩 죽은 표정으로 외투를 옷걸이에 걸고 있었다. 내가 무슨 일이냐고 묻자 아버지가 가가린이 우주 비행에 성공했다며 러시아의 과학 수준이 미국보다 한 수위인데 어떻게 미국이 러시아를 따라잡을 수 있겠느냐고 참담하게 말했다. 나는 아버지 말씀을 듣고 아버지가 과학과 수학에 소질이라곤 없는 나에게 무언의 압력을 가하는 줄로 지레짐작했다. 그러자 화사했던 봄날이 순식간에 잿빛 세상으로 바뀌었다. 그때 입었던 밝은 초록색 점퍼가 지금도 생생하게 기억난다. 카티아와 내가 조각상 밑에 이르자 가가린이 우주 비행에 성공한 날짜가 눈에 들어왔다. 1961년 4월 12일.

가가린의 조각상을 지나 계속 큰길을 따라 내려가자 고리키 공원 입구가 나왔다. 당시 내가 이 공원에 대해 아는 거라곤 마틴 크루즈 스미스Martin Cruz Smith의 소설 중에 『고리키 공원』이라는 동명의 소설이 있다는 게 전부였다. 훌륭한 스릴러 소설이지만 책에 잡초 이야기는 없었다. 책이 출간된 뒤 잡초가 이렇게 무성해진 모양이었다. 모스크바가 풀로 뒤덮인 도시가 된 것은 어디까지나 이 공원 덕분인 듯했다. 풀이 제일 먼저 돋아난 곳이 바로 이곳인 것처럼 보였기 때문이다. 풀이 도시 한복판으로 한시라도 빨리 퍼져나가고 싶었는지 공원 주변을 따라 울창하게 자라 있었다. 어찌나 키가 크고 빽빽하던지 벽과 울타리를 찾기 위해 발밑을 살펴야 할 지경이었다. 사람 다니는 길까지 풀이 올라온 곳도 있었다. 한때는 놀이공원이었던 이곳에 이제는 방치된 놀이

기구 사이로 잡초만이 무성할 뿐이었다. 우리는 쓰레기 더미와 술주정
뱅이와 어슬렁거리는 불량배를 지나 황급히 공원에서 빠져나왔다.

그 뒤 러시아를 다시 찾게 되었을 때에는 때마침 알렉스 멜라미드
의 어머니가 미국으로 여행을 떠나고 안 계시던 참이라 알렉스 어머
니의 아파트에서 머무를 수 있었다. 아파트가 고리키 공원과 이어지
는 레닌스키 가에 위치한 탓에 나는 도심을 오가며 공원에 들르곤 했
다. 공원 산책로를 거닐 때에는 발밑을 조심해서 살펴야 했다. 잡풀이
성한 샛길에 무심코 눈길을 던졌다가 꿈에도 잊지 못할 끔찍한 광경
을 목도할 수 있기 때문이었다. 러시아 하면 떠오르는 안 좋은 기억 몇
가지가 고리키 공원과 관련된 것이었다. 그런데 몇 년 뒤 러시아를 다
시 찾았을 때에는 공원을 새로 단장해서 쓰레기 더미도 잡초도 말끔
히 치워져 있었다. 정문 건너편에 '무너진 기념물의 묘지'라는 산책로
가 조성되었는데, 철거된 조각상과 기념물 더미 속에서 몇 해 전 문화
센터에서 보았던 조각상도 여럿 눈에 띄었다. 조각상이 지금도 그곳에
있을까 가끔씩 궁금해진다. 모스크바를 몇 차례 여행한 끝에 나는 나
에게 더 잘 맞는 도시가 상트페테르부르크라는 사실을 깨달았다.

내가 상트페테르부르크를 좋아하는 이유는 무엇보다도 이곳이 작
가를 존경하는 도시이기 때문이다. 지구상의 그 어떤 도시도 상트페테
르부르크만큼 작가의 집을 성지처럼 잘 보존해놓지 않았다. 나는 도
스토옙스키와 블로크, 아흐마토바, 나보코프, 레스코프가 살던 집에
차례로 가 보았다. 이런 유명 작가들 말고도 이름 없는 작가의 무덤

앞에도 아름다운 비석이 세워져 있었다.

　러시아의 시인 조지프 브로드스키^{Joseph Brodsky}가 십 대 시절을 보낸 아파트 건물 마당에 시인의 옆얼굴을 돋을새김한 커다란 흉상이 명판과 함께 놓여 있었다. 브로드스키와 그의 부모님은 널빤지로 칸막이를 한 공용 아파트를 세 가족과 함께 사용했는데 방은 열두 평 남짓으로 비좁았다. 그의 부모님은 죽을 때까지 이곳에서 살았다. 그는 이 방에 대한 기록을 에세이 「일 점 오 개의 방^{In a Room and a Half}」에 남겼다. 시인의 흉상을 찬찬히 들여다보니 실물과 꽤 닮았다는 생각이 들었다. 예전에 출판사 사무실에서 브로드스키를 한 번 만난 적이 있었다. 건강이 좋지 않을 때라 낯빛이 파리하다 못해 푸르스름했다.(경제봉쇄로 굶주림에 시달린 것이 일생 동안 그를 괴롭힌 것 같다.) 시인이 책과 원고 더미 사이에 간신히 끼워 넣은 작은 회색 의자에 앉아 있다가 악수를 하려고 손을 뻗었는데, 사람을 제대로 알아보지 못하는 것 같았다. 그때만 해도 나는 그의 글을 읽어본 게 없었다. 그가 죽고 나서야 작품을 접했는데 이 위대한 시인을 만난 게 얼마나 큰 행운인가를 깨닫게 되었다. 그는 조각상으로 만들어진 사람 중에 내가 유일하게 실물로 만나본 사람이다.

　러시아에 점점 깊이 빠져들면서 러시아 여행을 자주 하는 걸로도 모자라 급기야 자동차로 시베리아를 횡단하고 그 이야기를 책으로 펴낼 생각을 하기에 이르렀다. 그 모습을 보고 러시아 친구들이 가여운 듯 "On zabolel Rossei"라고 말했다. 원래는 "저 친구 러시아와 사랑에 빠졌어"라는 뜻이지만, 친구들이 말하고 싶었던 건 '아프다'라는 뜻의 동사 어근 'bolet'이었을 것이다. 친구들 말이 맞다. 나는 러시아 때문에 아팠다. 돌이켜 보면 따분하기 이를 데 없는 중년의 위기를 이렇게 넘긴 게 아닐까 싶기도 하다. 러시아 역사를 공부하고 러시아어를 배우고 러시아에 관한 영어 책을 읽고 러시아어로 쓴 책도 두어 권 읽었다. 러시아에 대한 짤막한 메모가 점점 늘어났다. 러시아 생활을 견디지 못하고 미국으로 건너온 친구들 눈에 나는 도저히 이해할 수 없는 못 말리는 괴짜였다. 하지만 러시아에서 새로 사귄 친구들에게는 그저 평범한 미국인에 불과했다. 사실 그때껏 그들이 접한 미국인은 책이나 영화, 텔레비전에서 본 게 전부라서 비교 대상이 없기도 했다. 이 친구들은 내가 말도 안 되는 러시아어를 지껄여도 꿋꿋이 참으며 나를 이곳저곳으로 안내했다.

우리 부부의 오랜 친구인 보리스와 소냐 젤딘을 통해 나는 소냐의 소꿉친구인 루다 소콜로바를 알게 되었다. 그녀는 상트페테르부르크 도심 근처에 작은 아파트를 가지고 있었는데, 여행이 길어진다 싶으면 그녀의 아파트를 빌려 썼다. 그러는 동안 그녀는 시댁에 들어가 시어머니와 함께 지냈다. 남편이 지병으로 일을 못 하는 상황이라 그녀는 미국으로 치면 토지개발위원회 같은 곳에서 일했다. 월급은 적었다. 몇 년 후 퇴직하고 나서 받을 연금은 더 적을 거라고 했다. 그녀는 영어도 할 줄 모르고 외국으로 나가 본 적도 없었다. 내가 그녀에게 뉴저지로 한번 놀러 오라고 말하자 그녀는 그렇잖아도 뉴욕행 비행기 표를 알아보았는데 1년 동안 먹지도 마시지도 않아야 간신히 그 돈을 모으겠더라고 대답했다. 내가 아는 러시아인들이 모두 그렇듯 그녀도 끊임없이 걷는 사람이라 이따금 나와 함께 러시아 탐방에 나서곤 했다.

상트페테르부르크는 도시 전체가 알렉산드르 푸시킨의 성지인 듯 보였다. 러시아가 가장 사랑하는 이 대문호는 생애의 대부분을 상트페테르부르크에서 지냈고 자신의 흔적을 도처에 남겼다. 나는 푸시킨과 연관된 물건이나 장소를 찾아 도시 곳곳을 누볐다. 시 「청동의 기사」를 읽고선 그가 시적 영감을 받았다는 장엄한 표트르 대제의 기마상을 보러 갔고, 푸시킨이 커피를 마시러 자주 들렀다는 표지판이 붙어 있는 레스토랑 밖에서는 잠시 발길을 멈췄으며, 그에 관한 책을 읽으러 도서관에 갔다가 계단 위에서 금으로 만든 푸시킨의 옆얼굴을 발견하고는 한참 들여다보기도 했다. 오후나 주말에 시간이 나면 푸시킨과 '공식적으로' 관련된 곳을 찾아 다녔다. 모이카 강가에 위치한 그의 집을 찾아가 책이 빼곡하게 들어찬 서재 안에서 잉크로 그린 펜화와 비버털 모자, 그가 총탄에 맞아 쓰러질 때 입고 있었던 피 묻은 조끼와 그를 "오쟁이 진 사내들의 대장"이라고 불러 결투를 벌이게 만든 익명의 (복사본) 편지를 찬찬히 둘러보았다. 그런 다음에 그가 죽음을 맞이한 침대를 다른 관광객들과 함께 경건하게 내려다보았다.

푸시킨의 추종자라면 18세기 중반에 상트페테르부르크에서 남쪽으로 30킬로미터 남짓 떨어진 곳에 지어진 수풀 우거진 소도시 차르스코예 셀로^{황제의 마을이라는 뜻}를 꼭 한 번 찾아가서 궁전과 정원, 공원, 그리고 마을을 둘러보아야 한다. 푸시킨은 열두 살부터 열여덟 살까지 차르스코예 셀로에 위치한 왕립학교 리체이에 다녔다. 그가 받은 정규교육은 그게 전부였다. 후에 그는 마을에 있는 다차(러시아의 시골 별장)를 빌려 아내와 함께 살았다. 상트페테르부르크의 궁중 생활은 그의 숨통을 옥죄다 종국에는 그를 죽음에 이르게 했지만 차르스코예 셀로는 큰 행복을 주었다. 그는 "Nam tselyi mir chuzhbina/Otchestvo nam tsarskoe Selo(온 세상이 이국땅이어도/우리의 조국은 차르스코예 셀로다)"라고 썼다. 푸시킨의 영향을 받아 많은 시인이 이곳에서 칩거 생활을 했다. 아흐마토바^{Anna Akhmatova}는 20세기 초반 이곳에서 작품 활동에 몰두했고 만델스탐^{Osip Mandelstam}은 자신의 유명한 시에서 이곳을 천국으로 그렸다.

1월 중순의 토요일 아침, 루다와 나는 네프스키 가에서 차르스코예 셀로 투어 버스에 올랐다. 반짝거리는 작은 얼음 알갱이가 허공에 매달려 있을 만큼 추운 날이었다. 우리는 단단히 차려입고 여행길에 올랐다. 루다는 짙은 자주색 털모자까지 푹 눌러썼다. 아이들과 청소년을 비롯한 승객이 나만 빼고 모두 러시아인이었다. 초등학생으로 보이는 어린아이들까지 푸시킨에 대한 도슨트의 설명을 경청하는 모습은 미국에서는 볼 수 없는 낯선 광경이었다.

내가 보기에 러시아인들은 언제나 정통을 좋아하는 것 같다. 이들은 러시아 정교회 신자이며 정통 마르크스주의자에 정통 무신론자이고 현재는 정실 자본주의^{crony capitalism}의 정통 추종자들이다. 한번 어떤 믿음에 빠지면 미적거리는 법이 없다. 오로지 앞만 보고 내달릴 뿐이다. 겉으로는 다른 체제에 열정적으로 반응하는 것처럼 보여도 이들의 믿음은 훨씬 견고해서 외부에서 들어온 여타의 신념에 쉽게 흔들리지 않는다. 러시아인의 내면 깊숙이 자리 잡은 진정한 믿음은 애니미즘이다. 이들은 온 세상의 삼라만상에 영혼이 깃들어 있다고 믿는다. 나무에도, 풀에도, 장소에도, 기계에도 저마다 생명이 서려 있다는 것이다. 셰레메티예보 공항에 처음 갔을 때 우리를 태우러 온, 어딘지 슬퍼 보이는 과묵한 운전사에게 이 낡은 차가 잘 굴러가느냐고 물어보자 그는 "이 노친네가 무탈해 보여요?"라고 퉁명스레 되받았다. 나에게 전화 거는 법을 일러주던 한 여자는 "얘는 천천히 전화 거는 걸 좋아해요"라고 말했다. 루다의 아파트 벽에 걸린 시계는 경쾌한 여자 목소리로 "여덟 시 정각입니다!"라고 외치며 시간을 알렸다. 루다는 시계를 "이모"라고 불렀다. 차 유리창 와이퍼는 "경비 아저씨"이고 알람시계는 "참새"처럼 지저귀고 과속방지턱은 "누워 있는 경찰관"이다. 모든 게 이런 식이다.

러시아 동화에 나오는 마귀할멈 바바야가가 사는 집은 닭다리가 달려 있어서 때로는 펄쩍펄쩍 뛰고 때로는 달린다. 비단 이것만이 아니라 러시아의 주요 건물은 살아 있는 생명체로 여겨진다. 보통은 건물이 지어질 당시 권력자의 정령이 깃든다고 한다. 폭군 이반 빌딩이니 알렉산드르 2세 빌딩이니 브레즈네프 빌딩이니 하는 소리를 심심치 않게 들을 것이다. 스탈린 시대에 지어진 건물이나 프로젝트, 가령 모스크바에서 가장 큰 교회가 있던 자리에 스탈린이 만들라고 명령한 수영장은 스탈린을 대변할뿐더러 그 자체로 스탈린이다. 스탈린의 정령은 영원히 그곳에 산다. 미시적 공간으로 눈을 돌리면 집이나 아파트에서 사는 정령을 만날 수 있다. 집의 정령은 '도모보이'라고 부른다. 빈방에서 물건이 떨어지거나 창문이 느닷없이 덜컹거리면 모두 도모보이의 소행이다. 미국으로 이민 온 러시아인 중에는 자기 집에서 살던 도모보이를 걱정하는 이가 꽤 많다. 집의 정령은 세간을 타고 다닐 수는 있어도 바다를 건널 수는 없기 때문이다.

러시아 여교수처럼 주름을 빳빳하게 세운 회색 모직 바지 차림의 날씬하고 세련된 여행 안내원은 말이 어찌나 빠른지 도저히 따라갈 수가 없었다. 안내원이 무슨 말을 하느냐고 내가 묻자 루다가 "별거 아니야"라고 대답했다. 버스가 상트페테르부르크를 떠나 눈 덮인 허허벌판을 지나 빠르게 내달렸다. 간혹가다 산울타리와 작은 마을이 나왔다. 얼마 지나지 않아 차르스코예 셀로가 보이자 버스가 속도를 늦추더니 이윽고 커다란 궁전 근처의 주차장에 멈춰 섰다. 안내원이 1710년에 표트르 대제가 마을의 건물과 정원을 지었고 1740년대에 건축가 바르톨로메오 라스트렐리가 궁전을 설계했다는 이야기를 하고 있었다. 하지만 내가 생각하기에 차르스코예 셀로를 논할 때 가장 중요한 사실은 예카테리나 2세, 즉 캐서린 대제가 여전히 이 소도시의 정령으로 살아 숨 쉬며 이곳을 통치한다는 것이다. 게르만족의 특성이 가미된 (캐서린 대제는 독일인이었다) 바로크 양식의 화려함이 푸른빛 도는 궁전

의 황금 외벽에도, 무도회장에도, 그 유명한 '호박 방'에도 고스란히 묻어난다. 더욱이 자연을 그대로 옮겨놓은 듯한 영국 양식의 정원에 애견의 묘지를 표시하기 위해 중국 마을 모형과 피라미드 모형을 세운 그 엉뚱함이란. 하기야 그 덕에 정원이 더욱 풍성해 보이긴 했다.

우리는 다시 버스에 올라타 궁전 옆으로 드넓게 펼쳐진 정원을 돌았는데 모든 것이 눈 속에 파묻힌 탓에 제대로 감상할 수가 없었다. "고전적 주제의 조각상이 다채롭게 펼쳐집니다"라고 적힌 여행 안내서가 아니더라도 꼭 보고 싶은 조각상이 여럿 있었던 참이었다. 마침 겨울이라는 점도 운치를 더할 것 같았다. 러시아에서 건물 밖에 세워진 조각상은 적어도 너덧 달은 눈과 더불어 살아야 하는데, 흉물스러운 조각상도 고드름을 주렁주렁 매달고 흰 눈에 덮여 있으면 그렇게 멋져 보일 수가 없다. 하지만 차르스코예 셀로에서는 실망이 이만저만이 아니었다. 혹독한 추위로부터 조각상을 보호하기 위해 채 마감도 끝내지 않은 나무 상자 뚜껑을 조각상 위에다 죄다 씌어놓은 것이다. 이것도 일종의 애니미즘의 발현이 아닌가 싶다. 〈물 항아리를 든 소녀〉나 〈원반 던지는 사람〉〈갈라테이아〉 같은 조각상도 겨울에는 작은 자기 오두막 안으로 옮겨진다.

내가 그토록 기다린 푸시킨의 학교 리체이에는 하루 일정이 끝날 때쯤 도착했다. 우리는 '타피치키'라는 카누처럼 생긴 펠트 덧신을 신발 위에 신고는 젊은 아시아계 여자 안내원 뒤를 따라 발을 질질 끌며 건물 안으로 들어갔다. (보통 러시아 박물관에서는 덧신을 신으라고 한다.

바닥을 보호할 목적이라지만 내 생각엔 관람객을 바보로 만들려는 심산인 것 같다.) 이번 안내원은 말이 빠르지 않아서 알아듣기가 한결 쉬웠다.

리체이는 개척 시대 이후 미국 중부 마을에 세워진 초라한 학교를 연상시켰다. 미국의 초기 학교처럼 이곳도 유럽의 주류에서 한참 떨어진 시골 변두리 마을의 학교에 불과하지만 그 나름으로 엄격한 규율에 지적 교육을 추구한 곳이었다. 푸시킨이 썼던 기숙사 방 앞에 이르자 그의 이름이 새겨진 명패가 걸려 있었다. 버디 영화에 나오는 인물들처럼 푸시킨의 반 친구들도 영원불멸의 한 패가 되어 자신들이 썼던 방에 명패를 하나씩 가지고 있었다. 푸시킨과 한 학교를 다녔다는 이유만으로 덩달아 명성을 얻은 것이다.

나치는 상트페테르부르크까지 침공하지는 못했지만, 차르스코예 셀로며 궁전이며 도시 외곽의 역사적 공간을 처참하게 약탈해 갔다. 그 후로 철저한 고증을 통해 지난하게 진행된 복원 작업을 생각하면 박물관에 전시된 파괴의 순간을 찍은 사진이 더욱 충격적으로 다가온다. 푸시킨 박물관의 젊은 여자 안내원도 여느 안내원처럼 이 땅에서 자행된 파시스트의 만행을 상세히 설명했다. 나치가 학교 안에 있는 물건을 깡그리 쓸어간 뒤 불을 지른 바람에 건물은 뼈대만 남았다고 했다. 지금 보는 건물의 내부는 그림과 사진 등 역사적 고증을 통해 복원한 것이다. 전쟁이 끝난 뒤 차르스코예 셀로 복원 작업이 시작되었을 때 도시에서 제일 먼저 갈아 끼운 유리창이 리체이 기숙사의 푸시킨 방 창문이었다.

마침내 나는 (상트페테르부르크에서 만난 두 명의 러시아 친구와 함께) 자동차로 시베리아 대륙을 횡단했다. 그 후로도 러시아를 여러 번 여행한 뒤 그때의 이야기를 책으로 엮어냈다. 책을 펴내면서 이제는 러시아에 대한 관심이 사그라지겠거니 하고 생각했는데 그게 아니었다. 또다시 러시아 여행길에 오르진 않았지만 러시아에 관한 책을 계속 찾아 읽고 그곳의 소식을 확인했다. 블라디미르 푸틴이 "나는 블루베리 언덕에서 황홀감을 맛보았어요"라고 노래 부르는 유튜브 동영상에 꼼짝없이 매료되는가 하면, 러시아 곳곳에서 벌어지는 시위와 푸시 라이엇Pussy Riot, 반푸틴 시위로 유명세를 탄 러시아의 여성 펑크록 인디밴드의 이야기에도 귀를 곤두세웠다. 지금은 요란한 사진이 한가득 들어 있는 『러시아 범죄자 문신 백과사전Russian Criminal Tattoo Encyclopaedia』에 푹 빠져 있다.

얼마 전에 나는 이리나와 저녁을 같이 먹었는데 그녀는 내가 1993년에 러시아를 처음 찾았을 때 만난 오랜 친구들 가운데 한 명이다. 더욱이 그녀는 카티아와 시누이올케 사이다. 내가 러시아어를 더 배우고 싶었던 이유는 이리나와 그녀의 남편인 미티아와 이야기를 나누고 싶었기 때문이다. 그 옛날 어느 아파트에선가 다들 얼큰하게 취한 가운데 몇몇이 미국인을 폄하하는 말을 했는데 혹시 그날 저녁이 기억나느냐고 이리나가 물었다. 그날 일이 어렴풋이 떠오를 뿐 무슨 말이 오갔는지는 생각나지 않았다. 사실 그 자리에서 난 아무것도 이해하지 못한 채 그저 앉아 있기만 했다. 이리나가 맞다고, 거기에 있던 사람들 모두 내가 그런 상태라는 걸 알고 있었다고, 그런데 내가 느닷없이

"Provolochnoe zagrazhdenie tanki protivniki ne priiduyt!"라고 외치는 바람에 다들 깜짝 놀랐다고 말했다. 그사이 나는 이 문장을 까맣게 까먹고 있었다. 내가 입 밖으로 꺼낸 첫 러시아 문장이었는데 "적군의 탱크는 철조망을 넘지 못할 것이다!"라는 뜻이었다. 냉전을 연상시키는 재치 있는 표현인 데다 어색한 분위기도 깰 수 있겠다 싶어서 여행 가기 전에 외워놓은 문장이었다. 이리나가 기억하기에 내가 이 한 문장을 불쑥 내뱉고 입을 다물자 다른 사람들이 거북한 표정을 짓더니 저녁 내내 가벼운 이야기만 주고받았다고 했다.

내 친구 루다에 대해 말하자면 그녀는 차르스코예 셀로 여행 이후 많은 우여곡절을 겪었다. 일단 직장을 그만두고 연금을 받았는데 푸틴의 개혁 정책 덕분에 연금이 예상보다 제법 많았다. 남편은 건강이 계속 악화돼서 이내 세상을 떴다. 그 뒤 루다는 보리스와 소냐(루다를 나에게 소개해준 내 오랜 친구들)의 친구를 통해 때마침 상트페테르부르크를 방문하고 있던 유리라는 남자를 만났다. 유리는 원래 레닌그라드 출신으로 1980년대에 미국으로 건너가 결혼을 한 뒤 미국 시민권을 획득했다. 그러고는 아이들이 다 성장했을 무렵에 이혼을 했다. 루다는 유리와 만남을 이어오다 마침내 그와 결혼을 했다. 유리는 그동안 모은 돈으로 새 신부와 여기저기 여행을 다닌 뒤 우리 집에서 반 시간 거리인 뉴저지의 리빙스턴에 신접살림을 차렸다. 나는 시간이 날 때면 이따금 루다와 점심도 먹고 전화로 서로의 안부를 묻기도 한다. 루다가 여전히 영어를 할 줄 몰라서 러시아어로 이야기를 나누다 보니 그

녀의 말을 온전히 알아듣지는 못한다. 그렇지만 이곳 뉴저지에서도 그녀는 여전히 나의 좋은 벗이다.

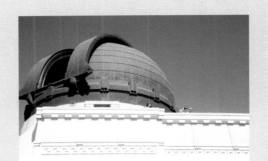

그리피스 공원,
로스앤젤레스
GRIFFITH PARK

··

캔디스 버건
CANDICE BERGEN

JAMES
DEAN

500만 평에 이르는 그리피스 공원은 도심 속의 공원이 아니라 그 자체로 도시다. 이곳은 1896년 타조 농장으로 처음 문을 열었다. 더 정확히 말하면 태곳적부터 기암절벽이 우뚝 솟은 협곡으로 존재해왔으며 계곡물이 흐르는 그늘진 곳에서는 토착민들이 모여 부족의 미래를 결정하던 곳이었다. 부족민들은 이곳을 모코-카후엔가^{카후엔가 부족이 부족 모임을 하던 곳}라고 불렀다.

이곳의 유래는 널리 알려진 그대로다. 유럽인이 신대륙에 정착한 뒤 이곳은 란초 로스 펠리스^{Rancho Los Feliz, 19세기 초반 호세 비센테 펠리스가 정부로부터 무상으로 받은 이스트 할리우드의 북쪽 지역}가 되었다가 훗날 웨일스 출신의 그리피스 J. 그리피스 대령이 이 땅을 소유하게 된다. 혹자에게는 이 대령의 이름이 우습게 들릴 수도 있겠지만, 여하튼 그리피스 대령은 이 드넓은 땅에 여성 모자용 깃털을 생산하기 위한 타조 농장을 만들었다. 전설에 따르면 전 주인인 안토니오 펠리스의 귀신이 밤마다 출몰하고 깃털 판매도 예전 같지 않자 대령이 로스앤젤레스 시에 이 땅을 기증했다고 한다. 이곳에 그리피스 공원이라는 이름이 붙은 것은 당연한 이치다.

이후 또 다른 그리피스, 곧 D.W. 그리피스 감독이 1915년에 〈국가의 탄생〉의 전투 장면을 찍은 것을 시작으로 그리피스 공원은 영화 촬영지로 급부상하게 된다. 존 포드 감독도 이곳에서 영화를 찍었고 〈백 투 더 퓨처〉와 〈터미네이터〉〈누가 로저 래빗을 모함했나〉도 여기서 촬영되었다. 일 년 열두 달 이곳에서 영화나 드라마를 찍는다고 생각하면 된다.

내가 어렸을 적에 카우보이 역으로 한창 인기를 끌던 진 오트리가 공원의 동쪽 끝에 진 오트리 웨스턴 헤리티지 박물관Gene Autry Western Heritage Museum을 지었다. 더욱이 그리피스 천문대가 공원 안에 있는데 이곳은 제임스 딘과 내털리 우드가 주연한 영화 〈이유 없는 반항〉의 촬영지로도 유명하다. 천문대 입구에는 제임스 딘의 청동 흉상이 세워져 있다.

공원에는 또한 로스앤젤레스 동물원과 그리스 극장Greek Theatre이 있고 골프장 3개에 테니스장이 27개에 이르며 철도 박물관(나의 아버지가 이곳에 증기기관을 기증했다)이 있다. 이뿐만 아니라 박쥐 동굴Bat Cave과 브론슨 캐니언Bronson Canyon, 전망 좋은 캡틴스 루스트Captain's Roost가 있고 80킬로미터 남짓한 산책로에서 승마와 하이킹도 즐길 수 있다.

그리피스 공원은 보는 이를 압도한다. 아름다워서가 아니다. 이곳은 그런 종류의 공원이 아니다. 유명한 조경 전문가가 설계하지도 않았으며 라틴어 이름의 이국적인 식물이 자라지도 않는다. 그러기는커녕 반사막지대에 스모그가 뿌옇게 끼어 있고 잡목 사이로 유칼립투스만 삐죽 솟아 있을 뿐이다. 홀린 듯 절경을 바라보거나 명상에 잠겨 마음의 평온을 느끼기도 힘들다. 오히려 흙먼지만 뒤집어쓰기 일쑤다.

그러나 여기에는 찬란한 보석이 숨어 있다. 공원 한쪽에 자리 잡은 작은 골짜기 펀 델Fern Dell이 바로 그것이다. 소위 '젊음의 샘'에는 샘물을 마시려고 모여든 사람들로 늘 붐빌 정도로 이곳은 로스앤젤레스 시민에게 인기가 높았다. 하지만 성형수술이 보편화된 이후로는 샘터를 찾는 이들의 발길도 뜸해졌다.

　내가 이곳을 잘 아는 까닭은 외할머니가 어린 나를 이곳으로 자주 데리고 와서 오리에게 먹이를 주었기 때문이다. 비록 아늑하지도 한갓지지도 않았지만 신록이 우거진 이곳이 나는 좋았다. 딱 한 가지만 빼고 말이다. 남부 출신인 릴리 매 할머니는 유난히 흰 피부를 당신의 큰 자랑으로 여겼다. 할머니 얼굴은 희다 못해 푸르스름한 빛마저 감돌았다. 할머니는 햇빛이라면 진저리를 치며 피해 다녔고 때론 도자기처럼 흰 피부를 보호하기 위해 극단적인 방법을 쓰기도 했다. 말하자면 빵 부스러기를 오리에게 다 털어준 빈 갈색 종이 가방을 모자 모양으로 접어 머리 위에 쓰고 다닌 것이다. 그것도 내 손을 꼭 잡고서.

　최근에 한 왕족의 결혼식이 언론에 소개되면서 미국 여자들 사이에 '패서네이터fascinator, 매혹하는 것이라는 뜻으로 깃털 등이 달린 작은 여성 모자를 가리킨다'라는 모자가 인기를 끌었다. 하지만 할머니의 종이 모자는 매혹은커녕 '낯 뜨거운 것'이었다. 당해보지 않은 사람은 모른다. 이게 얼마나 창피한 노릇인지를 아는 사람은 나와 터울이 꽤 지는 남동생이 유일했다. 남동생이 종이 모자를 쓰고 다니는 할머니 때문에 창피해 죽겠다는 내 하소연을 듣더니 "랠프야"라고 말하는 것이었다. 내가 되물었다.

　"랠프가 누군데?"

　"'랠프 마켓' 종이 가방이라고. 라브레아 타르 피츠La Brea Tar Pits, 로스앤젤레스 근방에 있는 거대한 타르 늪지 근처에 있는 거 말이야. 가방 진짜 끔찍한데."

　같은 모자. 다른 장소.

할머니는 가방 끝을 두 번 말아 올려 챙까지 만든 모자를 곱게 빗어 넘긴 빨간 머리 위에 얹고는 흡족한 표정으로 걸어 다녔다. 그 사이 나는 수치심으로 얼굴이 새빨개졌다. 할머니는 굽다 만 '작은 독일 소녀 인형' 같았다.

모자에 대한 기억만큼이나 펀 델의 아름다운 경치도 나의 어린 뇌에 깊이 아로새겨졌다. 연초록에 진초록까지 제각기 다른 초록으로 파르스름한 이끼와 한 몸이 되어 투박한 돌담 위로 폭죽처럼 피어난 50여 종의 양치식물들. 돌층계 위로 흘러내리는 부드러운 물소리와 돌 틈 사이로 헤엄치는 구피 떼. 나무 무늬의 쌍둥이 다리와 그 아래 물 위를 유유히 떠다니는 살진 오리들. 할머니를 보며 웃던 아이들의 웃음소리.

십 대에는 '말이 이동 수단'인 지역으로 발을 내디뎠다. 80여 킬로미터에 이르는 승마로가 새로운 여가 활동 무대가 된 것이다. 나는 그리피스 공원 곳곳에 세워진 마구간에서 슬픈 표정의 말을 빌리곤 했다. 과장이 아니다. 말은 하나같이 구부정한 등에 눈동자는 흐릿하고 털은 끈끈하게 엉겨 붙어 있었다. 이렇게 처참한 몰골의 말들이 등에 바보 같은 아이를 하나씩 태우고 커다란 원 모양의 산책로를 터덜터덜 걸어갔다.

끈덕지게 부모님을 조른 끝에 마침내 내 말, 그러니까 당연히 등은 휘고 털은 잔뜩 떡이 진 말을 갖게 된 다음에는 그리피스 공원에서 꽤 떨어진 개인 훈련소로 갔다. 공원은 마술馬術 대회가 열릴 때에만 가끔씩 찾았다. 공원의 승마로를 다시 찾은 것은 아주 한참 뒤에 영화 〈허망한 경주Bite the Bullet〉에 캐스팅되면서였다. 촬영하기에 앞서 배우들이 모두 승마센터에 와서 영화 내내 자신이 탈 말을 골라야 했다. 나는 일찍 도착해서 커다란 덩치에 얼룩덜룩한 무늬가 있는 회색 거세마를 골랐다. 그리고는 곧장 말 등에 올라타 밖으로 나가 산책로를 걷다가 로스앤젤레스 강으로 흐르는 작은 개울에 걸린 다리를 지났다. 길을 따라 산으로 올라가자 샌 페르난도 계곡이 한눈에 들어왔다. 그날은 운좋게도 스모그가 끼지 않아서 시야가 깨끗했다. 다른 배우들도 능숙하게 말을 탔다. 한 시간 반 남짓 말을 타다 승마센터로 돌아오자 말들이 곧바로 다음 촬영지인 네바다로 가기 위해 트레일러에 옮겨졌다.

내 딸 클로이가 여섯 살이 되자 나는 딸에게 승마를 가르칠 생각으로 주말마다 딸을 승마센터로 데리고 갔다. 딸아이는 말에 별 관심이 없었지만 내 생각에 승마는 엄마와 딸이 함께하기에 더없이 좋은 스포츠였다. 하지만 딸이 승마 수업을 지루해하자 이번에는 곡마술을 배우게 했다. 곡마술은 기본적으로 천천히 걷는 말 위에서 체조를 하는 것이라 딸아이가 아슬아슬한 곡예에 묘미를 느끼지 않을까 하고 은근히 기대했지만 이 수업 역시 몇 달 못 가 끝나고 말았다.

여름철 수요일 저녁마다 열리는 팀 페닝team penning은 승마센터에서 처음 보는 광경이었다. 이 게임은 소 한 마리를 무리에서 떼어내 반대편 우리 안으로 몰아넣는 일종의 로데오였다. 지진 다발 지역이자 마구간이 많은 서민 동네인 실마Sylmar 출신의 원조 카우보이들과 벨 에

어나 베벌리힐스 같은 부촌에서 온 풋내기 카우보이들이 치열한 경쟁을 벌였다.

그 당시 드라마 출연으로 큰돈을 번 배우들은 경주마와 수제 가죽 마구 같은 값비싼 물건을 앞다투어 사들여 자신의 부를 과시하는 수단으로 삼았다. 보라색 술이 달린 맞춤 가죽 바지를 빼입고 윤기 흐르는 말 등에 앉아 누군가와 열심히 통화하는 유명 배우가 곧잘 눈에 띄었다. 구치 카우보이들.

스피커에서 컨트리 음악이 요란하게 울려 퍼지면 트레일러에 말을 싣고 한 시간 넘게 달려온 원조 카우보이들과 원조 카우걸들이 이들과 함께 경기장 안으로 입장을 했다. 다 해진 안장 위에 앉은 '진정한 기수'와 은색 리본 장식에 수제 가죽 굴레를 한, 윤이 반지르르 흐르는 말 등에 올라탄 '신생 기수'가 한 팀을 이룬 것이다. 이 어울리지 않는 한 팀이 매주 수요일 경기장 가득 부려진 소 무리에서 한 마리를 떼어내 우리 안으로 몰아넣는 게임에 열광했다. 이것은 바로 그리피스 공원에 존재하는 우주 그 자체였다.

내가 그리피스 공원에서 마지막으로 말을 탄 게 이태 전, 그러니까 이제 막 병아리 기자로 사회생활을 시작한 클로이가 〈인스타일InStyle〉 표지 기사로 컨트리 음악의 슈퍼스타 테일러 스위프트Taylor Swift를 인터뷰할 때였다. 그런데 재미있게도 테일러가 말을 타야 한다고 우긴 사람이 바로 딸아이였다. 왜 그래야만 했는지 지금도 난 모르겠다. 여하튼 딸아이가 나에게 말을 구해달라고 하기에 내가 그러마 하고 대답하고는 공원으로 갔다. 말과 한창 씨름을 하고 있는데 으리으리한 캐딜락 에스컬레이드에서 테일러와 딸아이, 그리고 말 근처에는 얼씬도 하지 않을 듯한 덩치 좋은 경호원이 내렸다. 이리하여 나는 어린 시절에 그러했듯이 잔뜩 휜 등에 눈은 흐리멍덩하고 윤기라곤 없는 말 등에 올라타 커다란 원 모양의 산책로를 걸었다.

얼마 전에 남편과 함께 펀 델을 찾았다. 60년 만에 처음 가는 것이었다. 할머니 모자에 얽힌 슬픈 기억이 무의식적으로 나를 막은 모양이다. 그곳은 험난한 세월을 보낸 듯 몰라보게 달라져 있었다. 부드럽게 흐르던 물줄기는 온데간데없고 시커먼 오물만이 가득할 뿐 오리도 구피도 양치식물도 없었다. 그곳을 시퍼렇게 뒤덮었던 50종이 넘는 양치식물은 이제 과거의 유물이 된 듯했다. 관광객들이 기념물로 하나둘 뽑아간 끝에 완전히 씨가 마른 것이다.

관광객은 그때나 지금이나 여전히 많았다. 코리아타운이 바로 옆에 들어선 탓에 등산화를 신은 아시아 여자들이 여기저기 눈에 띄었다. 남미계 가족은 어디를 가나 많고 패션의 도시 로스 펠리스에서 온 듯한 세련된 젊은 부부들은 유모차에 아기를 태우고 공원을 산책하고 있었다.

펀 델은 조만간 보수공사에 들어갈 것이다. 빠르면 빠를수록 좋다. 로스앤젤레스는 그 어느 도시보다 회춘의 DNA가 새겨진 도시다. 그리피스 공원은 이 거대한 자연의 선물을 즐기기 위한 관광객으로 언제나 넘쳐난다. 특히 주말에는 시민들까지 이곳을 찾아 북새통을 이룬

다. 산기슭을 따라 그리피스 천문대 입구까지 줄이 길게 늘어서 있고 테니스장과 골프장에도 사람들이 벅적거린다. 더욱이 이곳의 상징인 'HOLLYWOOD' 표지판을 가장 잘 볼 수 있는 지점이 그리피스 공원이다. 혹시 길을 잃을지도 모르니까. 과연 그런 일이 생길까 싶지만 말이다.

그로스 티어가르텐, 베를린
GROSSE TIERGARTEN

노먼 포스터
NORMAN FOSTER

공원은 도시인이 인간적인 삶을 향유할 수 있도록 해주는 도시 인 프라에서 없어서는 안 될 존재다. 요컨대 도시인의 건강과 행복을 책 임지는 곳이 바로 공원이다. 공간에 대한 생각을 일깨우는 공원은 도 시의 정체성과 정신을 상징한다. 거트루드 스타인의 표현을 조금 바꾸 자면 "그곳엔 그곳이 있다." 거트루드 스타인은 자신이 유년 시절을 보낸 오클랜드가 황폐해진 것을 보며 "그곳엔 그곳이 없다There is no there there"라는 말을 남겼다. 공원은 도시의 상징일 뿐만 아니라 도시가 긴긴 세월 동안 겪은 풍파의 흔적을 오롯이 간직 한 타임캡슐이다. 베를린의 티어가르텐만큼 공원의 역사적 의미를 극 명하게 드러내는 곳도 없을 것이다. 티어가르텐 공원은 베를린의 격동 하는 역사와 떼려야 뗄 수 없는 관계인 까닭이다.

베를린은 독일은 물론 세계에서도 손꼽힐 정도로 수목이 우거진 도 시다. 티어가르텐은 독일 최초의 공원인 만큼 크기부터 차이가 난다. 도시 한복판에 자리 잡은 63만 평이 넘는 공원은 세계에서 가장 큰 공원 가운데 하나다. 비교를 위해 예를 들자면 국토 면적이 58만여 평 인 모나코공국은 공원 안으로 들어가고도 남는다.

티어가르텐 공원을 본격적으로 논하기에 앞서 도시 설계라는 넓은 개념으로 도시의 공원을 파악할 필요가 있다. 이농향도가 세계적 현 상임에도 불구하고 나날이 팽창하는 도시가 어느 방향으로 나아갈지 에 대해서는 아직 합의가 이루어지지 않았다. 도시는 크게 두 가지 유 형으로 나눌 수 있다. 하나는 인구 밀도가 높은 전통적인 도시인데 이 런 도시는 걷거나 대중교통 수단을 이용하기에 편리하도록 설계된 것이 특징이다. 베를린이나 코펜하겐, 런던 같은 도시가 중간 정도의 인구 밀도를 보이는 반면 맨해튼이나 모나코, 홍콩 같은 도시는 고밀도 지역으로 구분할 수 있다. 또 다른 하나는 인구 밀도가 낮고 자동차에 의존하는 도시, 예컨대 로스앤젤레스나 디트로이트처럼 외곽 지역으로 빠르게 팽창하는 도시다.

도시와 전원생활의 장단점을 따질 때 전원생활의 가장 큰 매력이 자연이라는 데에는 이견이 없다. 물론 출퇴근이 힘들다는 단점이 따르지만 말이다. 하지만 인구 밀도가 높은 도시일수록 바람직한 삶의 형태가 높은 자산 가치와 더욱 밀접히 결부된다. 공원과의 근접성이 주택 가격을 올리는 주요 변수가 된 것이다.

도시가 가진 독특한 DNA는 도시 안 녹지에 고스란히 아로새겨져 있다. 런던은 마을의 집합체로 성장한 도시다. 오랜 시간에 걸쳐 마을이 하나둘씩 합쳐지면서 런던이라는 도시가 생겨났지만 한 마을이 가지고 있던 녹지는 그대로 보존되었다. 이런 다양성은 런던의 버스 정류소 이름에서도 확인할 수 있다. 예를 몇 개만 들자면 셰퍼즈 부시나 햄스테드 히스, 이즐링턴 그린, 프림로즈 힐 같은 것이 있다. 이처럼 도시 이곳저곳에 흩어져 있는 크고 작은 공원이 런던의 공원 시스템을 이룬다. 맨해튼의 공원처럼 중앙 집중적인 공원과는 정반대다.

런던의 공원이 그러하듯 티어가르텐도 베를린의 역사를 반영한다. 1920년에 베를린의 인구는 1900년보다 두 배나 늘어난 400만 명에 육박하면서 뉴욕과 런던에 이어 세계에서 인구가 세 번째로 많은 대

도시로 성장하게 된다.(1990년 독일이 통일될 무렵 베를린의 인구는 정점을 찍었던 1920년보다 4분의 1가량 적다.) 1920년대 베를린은 유럽에서 가장 산업화된 도시답게 교통 인프라도 최고로 발달되어 있었다. 1923년에 템펠호프 공항이 문을 연 데 이어 에스반S-Bahn, 도시광역철도도 개통되었다. 베를린은 아방가르드 예술가와 건축가, 작가, 작곡가의 공간이기도 했다. 영국의 외교관인 헤럴드 니컬슨Harold Nicholson은 1929년 전쟁이 발발하기 이전 활기에 넘치던 베를린을 다음과 같이 그렸다.

베를린처럼 생동의 빛이 감도는 도시도 없다. 이곳에서는 모든 것이 움직인다. 교통신호등이 빨간색에서 주황색으로 그리고 초록색으로 숨 가쁘게 바뀌고, 휘황찬란한 광고판은 해변의 등대처럼 점멸을 반복한다. 전차는 덜컹거리며 쉼 없이 도심을 오간다. 동물원의 표범은 잠잘 시간인데도 다시 벌떡 일어나 우리 안을 서성인다. 티어가르텐에는 작은 등불이 나뭇잎 사이로 깜박거리고 천 마리도 넘는 반딧불이가 담뱃불처럼 빤뜩빤뜩 빛을 내며 풀잎 위를 날아다닌다. 도시의 심장을 관통한 열차가 거리거리를 화려하게 수놓은 티아라 사이로 빠르게 지나간다. 카이저 빌헬름 기념교회의 뾰족탑 불빛은 어두운 밤하늘에서 한층 영롱하게 빛나고, 설렘이 손에 잡힐 듯 도처에 가득하다. 다 알다시피 베를린은 밤마다 깨어나 새로운 모험을 떠난다.

니컬슨이 베를린의 공원에서 보았다는 천 마리도 넘는 반딧불이

는 500년 전에는 브란덴부르크 주민의 사냥터를 날아다니며 환한 불빛을 쏘아댔을 것이다. 그 옛날 티어가르텐(동물의 정원이라는 뜻이다)은 사슴이 뛰노는 고요한 숲이었다. 이곳에 공원이 들어선 것은 베를린이 도성으로서의 규모와 위용을 갖춘 18세기 초반의 일이었다.

1742년 도성의 외벽을 부수라는 프리드리히 2세의 명령에 따라 티어가르텐이 베를린 시민에게 개방되자 건축가 게오르크 벤체슬라우스 폰 크노벨스도르프는 그곳에 정원을 조성하기 시작했다. 습지를 메우고 물길을 트고 후기 바로크 양식으로 꽃밭과 미로를 만들었으며 은밀한 사교 모임을 위해 '살롱' 주위에 울타리를 치고 가구를 들이고 분수대를 세웠다.

크노벨스도르프의 후계자들은 정원을 점차 영국식 조경 전통에 맞춰 개조해 나갔다. 19세기 초반에 티어가르텐은 조경가 페터 요제프 레네의 노력으로 시민이 다 같이 이용할 수 있는 '국민 정원'으로 탈바꿈하게 되었다. 우거진 나무 사이로 목초지와 호수와 수로가 생기고 오솔길이 실금처럼 복잡하게 뻗어 나갔다. 공원 곳곳에 전략적으로 세워진 조각상—그 자체로도 훌륭한 예술 작품—은 독일의 영웅을 기리고 독일의 예술을 찬미했다.

티어가르텐이 특별한 이유는 이처럼 다양한 형태의 볼거리가 있고 해의 길이와 강도와 계절에 따라 공원의 분위기가 시시각각으로 변하기 때문이다. 자연 그대로의 숲에서 깔끔하게 정돈된 잔디밭까지, 혹은 아득하게 펼쳐진 풍광에서 정교한 조각상까지 온갖 종류의 것을 구경할 수 있다. 이처럼 다채로운 경험이 가능한 데에는 일단 공원의 크기가 한몫한다. 숲 속을 걷다 보면 도시에서 멀찌감치 떨어져 있다는 착각이 들 정도다. 하지만 아무리 큰 공원이라도 솜씨 있는 장인이 없었더라면 불가능했을 일이다.

그 후 레네의 정원에 생긴 큰 변화는 민족주의에 힘입어 기념물이 숱하게 세워졌다는 것이다. 그중에 가장 대표적인 것이 1873년 공원 한복판에 새로 닦인 개선로였다. 이 드넓은 길은 거대한 전승기념탑이 세워진 '왕의 광장'(지금은 '공화국의 광장'으로 불린다)에서 시작되어 티어가르텐 공원을 가로질러 남쪽으로 시원하게 뻗어 나갔다. 길가를 따라 조각상이 길게 늘어선 개선로—프로이센왕국의 역사를 한눈에 보여주는 명예의 전당—는 언제나 사람들로 북적였다. 라이히슈타크, 즉 제국 의회 건물이 브란덴부르크 문 옆에 세워진 것도 바로 이 무렵이었다. 파울 발로트가 설계해 1894년에 완성한 의회 건물의 웅장한 유리 돔은 강성한 독일 제국을 상징하듯 티어가르텐의 창공을 압도했다.

하지만 이제 개선로는 찾아볼 수 없다. 히틀러와 슈페어Albert Speer, 히틀러의 절대 신임을 받은 독일의 건축가가 '세계의 수도 게르마니아' 건설이라는 야심 찬 계획에 맞춰 베를린의 남북을 관통하는 도로를 건설하는 도중에 왕의 광장과 함께 역사 속으로 사라져버린 것이다. 또한 1939년 4월 히틀러의 쉰 번째 생일을 맞아 샤를로텐부르크 대로가 확장 개통되면서 도시의 동서를 잇는 축이 일부 완성되었다. 이때 전승기념탑도 왕의 광장에서 그로스 스텐 광장으로 옮겨진 후 지금까지 그곳에 서 있다.

나치 정권에서 티어가르텐은 크노벨스도르프의 '살롱'과 같은 역할을 했다. 염탐꾼의 눈과 귀를 피해 은밀하게 모이는 장소로 애용된 것이다. 나치 집권 초기에 주독 미국 대사로 부임한 윌리엄 도드의 딸은 어느 글에선가 이렇게 썼다. 한껏 멋을 부리고 공원에서 말을 타거나 산책하는 사람들 사이로 주위를 연신 두리번거리며 모임 장소로 가는 관료들이 눈에 띄었다고. 도드 자신도 공원에서 사람들을 만나곤 했는데 "이렇게 아름답고 낭만적인 곳"에도 자신을 미행하는 나치 당원이 있다는 사실을 깨닫고는 더 이상 그곳에서 모임을 갖지 않았다.

1945년 4월 말 소련의 주코프 원수는 티어가르텐의 서쪽 경계 지역까지 침공해 들어온 뒤 공원에서 3킬로미터 남짓 떨어진 베를린 요새에서 포병대를 훈련시켰다. 주코프가 지휘한 소련군이 공원을 따라 진격하면서 치열했던 베를린 전투도 막바지에 접어들었다. 베를린 함락 이후 붉은 군대는 상징적인 의미로 전사자 추모비를 개선로에 세웠다. 하지만 일을 서두른 나머지 기념비를 소련 점령 지역이 아닌 서베를린에 세우고 말았다.

서베를린에 처음 갔을 때 그곳은 마치 공산주의자 사막 한복판에 떠 있는 민주주의의 오아시스 같았다. 파이퍼 나바호^{Piper Navajo}에 몸을 싣고 '자유 진영'과 도시를 이어주는 좁은 공중회랑을 따라 나지막이 하늘을 날던 기억이 지금도 생생하다. 영공을 침범한 적기가 있는지

미그기가 삼엄하게 경계를 펴는 탓에 그 지역 지리에 밝은 부조종사가 함께 탑승해야 했다. 창공에서 내려다본 티어가르텐은 초록색 손으로 우리를 안내하는 듯 보였다.

하지만 독일 패망 이후 티어가르텐 상공을 날던 조종사들은 전혀 다른 광경을 목격했을 것이다. 도시는 잿더미로 변하고 당시 영국의 통치를 받던 공원은 황무지나 다름없었다. 석탄이 떨어진 터라 나무는 땔감으로 다 베어 갔고, 씨 뿌릴 수 있는 땅뙈기는 모조리 밭으로 바뀌어 있었다. 베를린 환경계획 본부장인 레인홀드 링그녀가 개입하지 않았다면 오물과 쓰레기로 가득 찬 호수는 영영 되살아나지 않았을지도 모른다. 1949년 3월 서베를린 시장인 에른스트 로이터가 보리수 한 그루를 심으며 '숲 되살리기 운동'을 시작한 이후 공원은 전쟁 전의 모습을 조금씩 되찾아갔다. 그 후 10년에 걸쳐 서독에서 25만 그루의 묘목이 기증되었다. 베를린 봉쇄 기간 동안에도 내가 이용했던 것과 똑같은 공중회로를 따라 템펠호프 공항까지 묘목이 공수되었다.

템펠호프 공항에 내리는데 상반된 두 갈래의 감정이 가슴속에 치받쳤다. 일단 공항 건물의 날렵한 곡선이며 비행기 위로 장엄하게 뻗은 캔틸레버_{한쪽 끝만 지지하고 다른 쪽 끝은 받치지 않은 형태의 보식} 지붕에 절로 탄성이 나왔다. 그날 이후 나는 이곳을 '공항의 어머니'라고 불렀다. 하지만 공항 안으로 들어서는 순간 가슴이 철렁 내려앉았다. 소리가 울릴 만큼 천장이 높다란 건물 내부는 마치 독일 역사와 한 덩이가 되어 파시스트의 뿌리를 일깨워주는 듯했다. 후일에 라이히슈타크를 찾았을 때도 이와 비슷한 감정이 일었다.

1989년 베를린 장벽이 무너지고 독일이 통일을 이루자 라이히슈타크와 티어가르텐은 마지막으로 큰 변화를 겪는다. 1992년 4월 본에서 베를린으로 정부 조직을 옮기는 사업의 일환으로 라이히슈타크를 통일된 독일의 국회의사당으로 바꾸기 위한 국제 공모가 시작된 것이다. 8개월 뒤 후보군이 세 개로 압축되는데 그 가운데 하나가 '포스터+파트너스^{Foster+Partners}'였다. 1993년 6월에 수정 제안서를 제출하고 얼마 지나지 않아 우리 회사가 이 프로젝트를 따내게 된다.

그 후 6년 동안 나는 베를린을 한 달에 한 번꼴로 찾으며 티어가르텐을 속속들이 알게 되었다. 공원 숲길을 거닐며 철 따라 다양하게 변모하는 모습, 예컨대 봄에는 진달래가 피고 겨울에는 시민들이 꽁꽁 언 호수에서 얼음을 지치는 모습을 지켜보았다. 국회의사당 지붕에서 조명 실험을 하던 2월의 어느 추운 날, 흰 눈 소복하게 쌓인 눈밭 위로 헐벗은 나무들이 알베르토 자코메티의 작품처럼 앙상하게 서 있던 모습은 지금도 기억에 생생하다.

국회의사당은 우리 회사의 작업을 통해 크게 세 가지 면에서 달라졌다. 그중 하나가 나선형 램프와 높은 전망대가 있는 유리 돔이다. 공원 전경이 한눈에 내다보이는 이곳 덕분에 대중은 공원에 좀 더 가까이 다가가게 되었다. 또한 이곳은 대중이 정치인과 새로운 관계를 맺을 수 있는 계기를 제공했다. 상징적인 의미로 사람들이 제 손으로 뽑은 대표보다 높은 곳에 앉아 국회에서 일어나는 일을 내려다볼 수 있게

된 것이다. 예전에는 건물 옆쪽에 난 작은 문으로 국회를 드나들었지만, '서문'을 신고전주의 양식의 주랑柱廊 현관으로 복원하면서 녹음 우거진 공화국의 광장—지난날 수만 군중이 모였던 역사적인 장소—과 그 너머 티어가르텐 공원이 건물과 다시 이어지게 되었다.

논란이 이는 것을 감수하고서라도 나는 이 오래된 건물 내벽에 새겨진 흠과 낙서를 후손들이 볼 수 있도록 그대로 보존하고 싶었다. 이렇게 국회에서 오간 신구 간의 대화는 티어가르텐에서도 찾아볼 수 있다. 전쟁 이후 방치된 채 공원 한쪽 모퉁이에 서 있던 낡은 건물이 새 생명을 부여받는가 하면, 외국 대사관이며 총리 공관이며 정부 청사가 경쟁적으로 들어서고, 베를린의 교통 인프라를 새로 구축하는 도시 계획에 따라 공원 아래 깊은 땅속으로 도로가 나고 터널이 뚫렸다.

내가 베를린을 처음 방문한 이후 30년 동안 도시는 몰라보게 바뀌었다. 시커먼 장벽이 도시를 가르던 그때와 지금을 비교하는 것은 불가능에 가깝다. 독일 특유의 투지가 넘치는 것은 변함이 없지만 도시 전체가 새로 태어났다고 해도 과언이 아니다. 이렇게 변모하는 도시 한복판에 언제나 푸르른 티어가르텐이 있다.

하이라인, 뉴욕
HIGH LINE

앙드레 아시망
ANDRÉ ACIMAN

그때 그리고 지금

애나파올라 캔코그니에게

일섬의 순간, 하이라인이 서로 양립할 수 없는 두 개의 얼굴, 곧 추안秋顔과 동안을 동시에 지닐 때가 있다. 찰나적으로 이 두 개의 얼굴이 보인다 싶으면 기민하게 포착할 일이지만 사실 이런 일이 일어나리라는 보장은 없다. 게다가 이런 순간이 찾아오길 기대하며 애를 쓰다가는 주문만 깨지기 십상이다. 주문에 걸리지 않았을 때의 하이라인은 허드슨 강이 내다보이는 녹음 우거진 산책로이거나 한때 철거될 운명이었던 고가철도이거나 둘 중의 하나다. 노동자가 주로 살던 빈민가에서 고급 주택이 즐비한 황금해안으로 탈바꿈한 인근 지역은 야누스의 두 얼굴 같은 하이라인의 역사를 반영한다. 80년 전에 10번 가 위로 2킬로미터 남짓한 길이로 세워진 흉물스런 고가철도가 눈 깜짝할 사이에 새 시대의 도래를 약속하는 자연 친화적 최첨단 공원으로 변신한 것이다. 그곳에서 우리는 저마다의 방식으로 '그때와 지금'이라는 수수께끼 같은 난제와 대면하게 된다. 그때 그곳, 그리고 지금 이곳.

미래주의를 표방하는 듯한 최첨단 디자인의 얇은 철제 난간 위로 손을 미끄러뜨리며 하이라인을 걷다 보면 저쪽 길 너머에는 여전히 에드워드 호퍼Edward Hopper, 20세기 미국인의 고독과 상실감을 사실적으로 표현한 작품으로 유명하다의 빨간 벽돌 건물과 맨해튼의 옥상을 그린 영원불멸의 초상화가 보인다. 그 그림 속에는 지구라트^{고대 메소포타미아의 신전}처럼 생긴 옥상 위에 나무로 만든 물탱크와 그보다 더 많은, 뾰족한 나무 뚜껑을 뒤집어쓴 통 모양의 물탱크가 어지럽게 솟아 있다. 호퍼 생각을 하면 어김없이 뉴욕의 또 다른 화가 존 슬론^{John Sloan, 미국의 아방가르드 미술운동을 주도했으며 도시의 활기찬 일상을 사실적으로 그렸다}이 떠오른다. 내가 태어나던 해에 죽은 화가, 하이라인에 올 때마다 불현듯 내 뇌리 속에서 되살아나는 화가. 이곳에는 늘 이런 것, 예컨대 슬론이 그림을 그리던 100년 전과 다를 바 없이 지금도 지붕 위를 날아다니는 비둘기와 빨래집게에 붙잡힌 채 맨해튼 도심 위로 부는 가을바람에 나부끼는 빨래, 어른거리는 석양빛에 저 멀리 허드슨 강가까지 붉게 물든 오래된 동네 첼시 같은 것이 있기 때문이리라. 슬론의 그림처럼 오늘 아침에도 여자가 홀로 옥상 위로 올라와 생각을 바람에 말리고 있다.

'그때와 지금'의 순간은 눈 깜짝할 사이에, 아니 그보다 더 짧게 지나가버릴지도 모른다. 하지만 상상이 화폭 위에서 마음껏 춤추도록 내버려둔다면 상상은 어느새 제 스스로 생명을 얻기 시작한다. 그래서 존 슬론의 영혼이 지금의 뉴욕 상공을 맴도는 듯한 느낌이 사라지더라도, 혹은 이런 느낌이 유려한 수사^{修辭}로 조장되고 과장된 것이라 하더라도 그림 속 상상은 그 자체로 하나의 현실, 적어도 현실이라고 해도 믿을 만큼 그럴싸한 이야기를 창조해낸다. 슬론이 내 의식 세계에 처음 들어온 그날이 지금도 기억에 생생하다. 그날의 기억을 고스란히 집으로 가지고 가서 훗날에도 계속 들여다볼 수 있다면 더더욱

좋겠다.

　이곳은 슬론의 땅이다. 하이라인에서 북쪽을 바라보며 존 슬론의 그림이 계속 머릿속에 맴돌고 눈앞에 아른거린다면 이미 그의 그림이 음악이 된 것이다. 요즘 우리는 항상 음악을 끼고 다니고 급기야 아이튠스가 우리의 기분에 영향을 미치기에 이르렀다. 이처럼 우리는 이미지도 머릿속에 넣고 다니다가 눈앞의 도시를 유심히 살펴야 할 때 그 이미지를 도시에 투사한다. 하지만 무엇보다도 우리는 시간을 쫓고 시간을 기억한다. 시간을 어디에서 찾고 어떻게 현재에 끼워 맞추는지는 중요하지 않다. 우리는 눈앞의 광경을 잘 보기 위해서, 더 나아가 '다른 것', 즉 우리 앞에 펼쳐진 광경 '그 너머의 것'을 잘 보기 위해서 시간을 쫓고 시간을 기억한다. 우리는 그곳에 일부만 있는 것, 아니 아예 그곳에 없는 것을 보고 있는지도 모른다. 하지만 우리가 보는 것은 두 눈이 목격한 것보다 훨씬 의미 있는 것이다. 우리는 우리가 보았다고 여기는 것을 기억하기 위해서 본다.

　현실이건 상상이건 시간의 흔적이 없고 기억의 굴절이 없다면, 다시 말해 기억의 회로를 빌려 기억인 척하지만 실제론 기억이 아닐 수도 있는 그 무엇인가의 굴절이 없다면, 우리는 눈앞에 펼쳐진 광경을 이해는커녕 제대로 보지도 못할 것이다. 하이라인에 의미를 부여하는 것은 시간이다. 두 눈이 보는 것을 부풀리고 싶을 때 우리는 우리가 보고 싶어 하는 모든 것에 시간이라는 필름을 덧씌운다. 시간은 감각을 확장시킨다. 시간은 발이 아닌 발자국이고, 빛이 아닌 윤이며, 소리가 아닌 반향이고, 물건이 아닌 흔적이다. 주변의 아름다움을 어떻게 상상하고 사적 경험화할지, 그리고 그 순간을 어떻게 포착하고 이해할지는 시간이 결정한다.

그때 그리고 지금.

하이라인의 난간에 기대어 한때 넝쿨이 담장을 친친 감고 올라가던 오래된 동네 엘을 내려다보노라면 문득 시간에 대해 생각하고 싶어진다. 나는 꼭 20년 전에 호레이쇼 가의 친구 집에서 저녁 식사를 마친 뒤 하이라인 아래를 걷고 있었다. 그때 하이라인은 쥐가 들끓고 잡풀만 무성할 뿐 열차가 끊긴 지 오래된 낡은 철로였다. 20년이 흐른 지금 이곳을 다시 찾았지만 예전에 어떤 모습이었는지 기억조차 할 수 없다. 너무 끔찍해서 주위를 둘러볼 엄두도 나지 않았던 것 같다. 어서 빨리 택시에 올라타 집으로 가야겠다는 생각밖에 없었다. 고기 도축장이 있던 우중충한 거리는 이제 고급 호텔과 옷가게, 화랑, 레스토랑이 즐비하게 들어선, 아찔할 만큼 화려한 거리로 탈바꿈했다.

밤이면 고급 술집에서 새어나오는 휘황찬란한 불빛이 돌길에까지 넘실거리고, 거리거리에 유명 인사와 패션 리더가 왁자지껄 떠드는 소리가 넘쳐나서 이곳이 예전에는 밤에 텅텅 비는 노동자의 거리였다는 사실을 까맣게 잊게 된다. 땅거미가 내리면 이곳은 매춘부의 거리가 되었다. 더 정확히 말하면 여장을 한 남창의 거리였다. 나는 호레이쇼 가의 친구 집에 자주 들렀는데 친구와 나는 불을 끈 채 창문 밖을 응시하며 낮에는 고기를 도축하던 거리가 밤에는 사랑을 사고파는 거리

난날의 모습을 그대로 간직하고 있다. 그 옛날 엘이 얼마나 속수무책으로 방치되었고 지금도 얼마나 거친 동네인지를 여실히 보여주는 곳이다. 여기저기 비집고 올라오는 잡풀은 자르고 뽑아내겠지만 34번 가의 자비스 센터 맞은편에 서 있는 저 오래된 교목은 청청하게 자랄 것이다. 하지만 철도 차량 기지로 사용되는 이 거친 땅에도 휘황찬란한 고층 건물이 하나둘 올라가고 있다.

지저분한 엘 주변 도로를 걷다가 길에 떨어진 녹슨 대못 하나가 눈에 들어왔다. 나는 못을 주워 싹싹 문질러 녹을 닦아냈다. 하지만 퍼렇게 녹이 슨 못이 새것처럼 보일 수는 없는 노릇이다. 지금 내 책상 위에는 이 못이 문진으로 놓여 있다.

2009년에 시민을 위한 휴식 공간으로 재탄생한 하이라인은 제 자신은 물론이고 제 과거와 제 도시를 사랑하는 공원이다. 버려진 철로변이 으레 그렇듯 이곳도 돌보지 않는 땅에서는 억센 잡풀이 더부룩이 자란다. 철로 또한 마찬가지다. 여전히 맨살을 드러낸 채 땅 위에 놓여 있는 철로는 한가로이 공원을 거니는 사람들에게 이렇게 외치는 듯하다. 당신들이 걷고 있는 이 산책로는 풀과 나무와 철로와 시멘트가 뒤엉킨 곳에 지나지 않는다, 주름살만 폈을 뿐 '원래 얼굴'은 건드리지 않으려고 했다, 그래서 주름 쪼글쪼글한 일라이자 둘리틀영화 〈마이 페어 레이디〉에서 오드리 헵번이 맡았던 여주인공이 되는 것만은 피하려 했다고.

수십 년간 풍파에 시달리며 녹이 슬긴 했지만 철로는 삭아 없어지

161

지도, 잡풀이 온통 뒤덮을 정도로 마냥 방치되지도 않았다. 지금의 철로는 한 번 싹 걷어내 석면을 깨끗하게 닦은 뒤 원래 자리로 다시 갖다 놓은 것이다. 야생의 느낌을 그대로 간직하되 깔끔하고 세련되게 가꿔진 공원의 이미지가 떠오르는 까닭이다. 공원은 잡풀이 텁수룩하게 자란 채 방치되었던 지난날을 기억한다. 하지만 그때 그 시절에 얽매이지 않는다. 이 절묘한 절충 속에 예술이 깃들어 있다.

이것저것 잡다하게 섞여 있는 탓에 공원 구석구석을 걷다 보면 어쩐지 도심 한복판에 버려진 곳 같다는 착각이 인다. 그렇다고 녹이 잔뜩 슬어 있다든지 해충이 들끓는다든지 방치된 곳 특유의 불쾌감이 들지는 않는다. 공원은 정갈하되 지나치게 깔끔하지 않고, 털털하되 저급하지 않다. 이곳에 우연한 것은 하나도 없다. 묘목 한 그루 정성스레 돌보지 않는 게 없고, 가로등 하나 까닭 없이 흐릿한 게 없다. 소리조차 의도하지 않은 게 없다. 이곳은 연출된 자발성과 연출된 유기遺棄의 조합이다. 왕정복고 시대의 영국 시인 로버트 헤릭Robert Herrick이 여성의 옷차림을 황홀한 듯 바라보며 노래한 것처럼「흐트러짐 속의 쾌감Delight in Disorder」 "거친 세련미"를 느낄 수 있다. 이탈리아어에는 이보다 더 멋진 단어, 곧 가장된 미완, 의도된 방치라는 뜻의 '스프레차투라sprezzatura' 가 있다.

하이라인에서는 어딘가 부족한 듯 황량한 느낌이 들 때가 있어서 안드레아스 파이닝어나 베레니스 애벗, 유진 드 살리냐크의 흑백사진이 자꾸만 연상된다. 이제는 거의 상상으로 남은, 절반은 잊힌 사진들.

그때의 뉴욕과 지금의 뉴욕, 잃어버린 것과 되찾은 것, '있는 그대로'의 그것과 수정된 것. 세월이 흐르는 동안 이 낡은 흑백사진에 담긴 거의 모든 것이 변하고 과거의 영역으로 남았지만 그럼에도 불구하고 변하지 않는 것이 있다. 지난 세기에 찍은 하이라인 사진과 몇 시간 전에 찍은 사진을 이리저리 살피다 보면 차이 못지않게 유사한 점을 발견할 수 있다. 수십 년 전의 옛날 사진을 보지 않고 최근 사진만 보는 것은 하이라인의 절반만 보는 부질없는 짓이요, 하이라인의 시간을 속이는 것이다. 서로 대비되는 신구新舊의 사진 속에서 내가 보고 싶어 하는 것이 영원인지 아니면 변화인지 나도 분간이 안 된다. 변화에 초점을 맞추자고 결심했다가도 어느 순간 보면 나도 모르게 몇 겹이 지나도 영원불멸할 흔적을 찾느라 분주하고, 그런가 하면 모든 게 영원하다는 사실을 확인하고 싶다가도 문득 세월의 흐름을 간직한 변화된 모습을 찾느라 사진을 유심히 들여다보게 된다. 나의 한쪽은 20세기 초반에 살기를 갈망하지만, 다른 한쪽은 21세기에 사는 걸 감사하게 여긴다. 나의 한쪽은 현재를 사랑하지만, 다른 한쪽은 이름조차 붙일 수 없는 아득한 먼 옛날을 갈망한다. 1951년은 존 슬론과 내가 아주 잠깐 조우한 뒤 제각기의 길로 간 해다. 이처럼 과거와 현재를 넘나드는 나만의 방식을 통해 나는 두 개의 시간대에 머무르며 나 자신에게 여분의 시간과 삶과 의미를 부여한다. 그럼으로써 기적적으로 '다른 것', 즉 우리 앞에 펼쳐진 광경 '그 너머의 것'을 볼 수 있기를 기대한다. 하이라인에서 이런 기적은 추안과 동안을 동시에 목격하는 아주 짧은 순간에 일어난다. 워즈워스가 알프스 산맥의 심플론고개에서 눈에 보이지 않는 프랑스와 이탈리아의 경계선을 만지고 싶어 했듯이 나도 이 위대한 시인이 한 점의 시간ᵃ spot of time이라고 부른 것을 포착하고 싶다.

그러나 이 순간은 찰나에 사라진다.

하이라인 근처에 오면 호레이쇼 가에 살던, 내가 곧잘 찾아갔던 나의 오랜 벗이 생각난다. 웨스트 가의 강가를 거니는 오후 시간이 얼마나 행복한지 모르겠다고, 그렇게 강가를 따라 걷다 보면 허드슨 강 너머로 '이리 래커워너 철도&페리 터미널' 시계탑이 보이는데 그 순간이 또 얼마나 좋은지 모르겠다고 말하던 친구의 목소리가 아직도 귓가에 쟁쟁하다. 그녀는 시계탑이 보이는 곳으로 나를 데려가겠다고 약속했지만 끝내 그 약속을 지키지 못했다. 나는 강 건너 새로 단장한 터미널도 가보지 못했다. 실은 친구도 나도 허드슨 강을 건너고 싶은 마음이 없었던 까닭에 말로만 가보자고 했던 곳이었다. 친구네 집 서재에서 내다보던 전망이 지금도 눈앞에 훤하다. 그곳에서 하이라인의 방치된 땅을 바라보던 우리는 20년 후 그곳이 어떻게 바뀔지 상상조차 할 수 없었다. 친구는 창밖에 시선을 둔 채 말했다. 하이라인을 보고 있노라면 뉴욕의 오래된 흑백사진 속에 나오는 고가철도가 생각난다고, 창밖으로 보이는 이 낡은 철로가 흉물스럽고 밤에는 시끄럽고 때론 음산해 보이기도 하지만 자신은 6번 가의 엘을 사랑한 존 슬론을 이해하겠다고, 자신도 엘을 사랑하기에. 나는 그때껏 존 슬론이라는 이름을 들어본 적이 없었다. 친구는 책 한 권을 들고 오더니 이

화가의 그림을 보여주며 말했다. 〈그리니치빌리지에서 내려다본 도시 The City from Greenwich Village〉 같은 몇 안 되는 소중한 그림 덕분에 하이라인이 전혀 추해 보이지 않는다고, 그래서 자신이 그 옆에서 살 수 있는 거라고. 지금 나는 도시 주변을 거닐며 눈앞에 펼쳐진 광경 그 너머의 것을 보고 무미건조한 일상적 공간에 아름다움과 의미를 투영하려고 무던히 애를 쓴다. 그 옛날 내 친구가 했던 일이다. 웨스트 가로 가는 길에 언제 한번 하이라인 밑을 걸어보자고 친구는 말했다. 하지만 우리는 끝내 함께 걷지 못했다. 친구가 아직도 살아 있다면 호레이쇼에서 34번 가를 오가는 오후 산책을 얼마나 좋아했을까. 이 근처에 오면 하이라인으로 올라가 한때 내 친구가 살았던 집의 창문을 바라보며 그녀를 떠올린다. 지금도 나는 가끔씩 친구와 약속을 한다. 이곳을 함께 거닐자고.

하이드 공원, 런던

HYDE PARK

어맨다 포먼
AMANDA FOREMAN

하이드 공원은 런던에 속한 적이 없다는 생각이 문득 들었다.

이곳은 시시각각으로 변하는 도시 한복판에서 영원히 변치 않은 채

마법처럼 런던의 과거와 현재를 연결해주는, 언제나 우리들 마음의 시골이었다.

도디 스미스, 『성 안의 카산드라』I Capture the Castle (1948)

하이드 공원에 가면 나는 언제나 로튼 거리 근처에서 진달래꽃을 꺾는 어린아이가 된다. 그때가 한 해 중 언제이건, 그곳을 왜 찾았건 간에 이것이 공원에 들어서는 순간 내 뇌리를 스치는 첫 기억이다.

이슬이 보석처럼 찬란하게 맺힌 꽃잎을 따려고 난간 너머로 팔을 뻗던 기억이 또렷이 떠오른다. 경비 아저씨에 대한 두려움보다 진홍색 꽃과 분홍색 꽃을 탐하는 마음이 더 큰 날에는 장난감 유모차에 몰래 딴 꽃을 한 가득 싣고 집으로 돌아오곤 했다. 하지만 난간 너머 보석을 손에 넣고 싶은 욕망을 애써 누르며 걷는 날이 훨씬 많았다.

정확하게 기억나진 않지만 언제부터인가 공원의 꽃은 나에게 이루지 못한 욕망 이상의 것을 의미하게 되었다. 꽃이 삶이라는 의식儀式 속에서 안위에 대한 자각을 일깨운 것이었다. 만개한 수선화와 사프란, 연이어 꽃망울을 터뜨리는 튤립과 진달래와 철쭉은 어서 공원 수영장으로 가서 아이스크림을 먹고 오후의 게임을 위해 체크무늬 면 원피스로 갈아입고 풀밭에 줄무늬 접의자를 펴고 앉으라는 신호나 다름없었다. 몇 월 며칠 몇 시인지 시간 개념이 생기기 훨씬 이전부터 공원은 살아 숨 쉬는 크로노미터였다. 꽃 피는 봄날은 시간이 흐를 뿐 사라지지 않는다는 증거였다. 꽃을 바라보며 기억이 단순히 시각적 이미지로 끝나는 게 아니라, 변할 뿐 사라지지는 않는 과거의 나와 이어진 끈이라는 사실을 깨달았다. 내 작은 세계는 매해 때가 되면 아이스크림과 접의자를 호명하는 더 큰 힘과 연속선을 이루며 연결되었다.

봄날 하이드 공원에서 할머니는 당신 인생에서 가장 화려했던 순간

171

을 떠올렸다. 할머니와 나는 몰래 꽃을 꺾은 공범자라는 행복한 죄의식을 공유하며 느릅나무 아래를 거닐었다. 그럴 때면 할머니는 전쟁이 발발하기 전의 런던 이야기를 들려주곤 했다. 겨울에는 서펜타인 호수에서 얼음을 지치고 여름에는 목양견 시합이 벌어졌다. 토요일에는 스피커스 코너Speaker's Corner에 사람이 넘쳐서 거리로 쏟아져 나올 정도였다. 일요일은 상류층 차지라 아침나절 나이츠브리지하이드 공원의 남쪽 지역의 근위병 숙소 근처에는 부자들의 '예배 행렬'이 길게 이어졌다. 그런데 폭탄이 이 모든 것을 바꾸어놓았다. 진달래는 여전히 꽃망울을 열었지만, 화단은 텃밭으로 바뀌었고 산책로에는 말과 자전거를 타는 사람들 대신 막사가 빽빽하게 들어섰으며 커다란 탐조등과 포대가 들판을 가득 메웠다. 풀 한 포기 없이 눈길 닿는 데까지 진창이 아득하게 펼쳐졌다.

인적 드문 산책로를 할머니와 거닐며 로튼 거리가 한때 런던의 유행을 선도하는 곳이었다는 말을 믿기란 쉬운 일이 아니었다. 게다가 화려한 옷과 보석으로 치장한 부유층의 행렬이 끝없이 이어지고 승마를 즐기는 사람들로 공원 거리거리가 넘쳐났다니. 그게 사실이면 그 많던 사람들은 다 어디로 갔느냐고 할머니에게 물었다. 할머니가 그 옛날 보았다는, 빳빳하게 풀 먹인 유니폼에 파란색 케이프를 두른 보모들과 눈이 올 때도 세일러팬츠를 입었다는 남자아이들은 다 어디로 갔느냐고. 할머니에게 만족스러운 대답을 들었던 적은 한 번도 없는 것 같다. '보모의 잔디'와 로튼 거리는 여전히 그곳에 있었지만, 할머니 때와는 쓰임새도 달라졌고 면면히 이어온 전통도 사라져버렸다. 내 유년 시절의 관습도 언젠가는 사라질지 모른다는 생각이 내 작은 머리를 스치고 지나갔다. 화려한 모자를 뽐내는 귀부인을 더는 볼 수 없듯 일요일에 수영장에 가도 아이스크림을 맛볼 수 없을지도 몰랐다. 공원은 이 모든 것을 기억할까? 물론 아니겠지만 공원은 나에게 마치 거대한 기억 저장소 같았다.

런던에서 먼 동네로 이사를 간 뒤 공원 나들이가 뜸해지자 어느 순간 내가 없어도 꽃은 여전히 피고 질 거라는 뼈아픈 생각이 들었다. 하지만 예전과 달라진 것은 없었다. 화창한 봄날 공원에 나부끼던 리본은 색깔도 모양도 그대로였다. 내가 없다는 이유로 달라지는 것은 아무것도 없었다. 상쾌한 4월의 아침은 조깅하는 사람과 산책하는 사람과 한량을 공원으로 불러들였고 철쭉은 바삐 움직이는 사람들 너머로 여전히 진분홍색 꽃잎을 흔들었다. 아이들은 간식 시간에 맞춰 집으로 돌아가면서 마로니에 열매를 따고 꽃을 꺾었다. 브로드 워크Broad Walk를 따라 줄줄이 늘어선 플라타너스는 뉘엿뉘엿 넘어가는 석양에 붉게 물들었다. 나도 한때는 저 이름 없는 사람들 속에 섞여 조용히 공원을 찾았다. 공원은 우리 마음에 흔적을 남기지만 사람은 공원에 어떤 흔적도 남기지 못한다. 나무와 입구는 예나 지금이나 변함없이 서 있지만 우리는 언제 스러질지 모르는 무상한 존재다. 햇볕을 즐기건 비를 피해 황급히 뛰어가건 모두 덧없는 일. 이것이 내가 유년 시절에 공원에서 터득한 마지막 배움이자 가장 큰 배움이었다.

사춘기에 접어들면서 냉소주의에 빠지자 하이드 공원도 느닷없이 어린아이나 노인이 찾는 시시한 장소로 보이기 시작했다. 십 대 소녀에겐 시끄러운 도시에서 벗어나거나 고요한 자연의 품에서 위로를 구할 필요가 없었던 것이다. 서펜타인 호수도 따분하고 꽃도 따분하고 공원 여기저기에 세워진 기념비와 조각상은 더 따분했다. 내 눈에 조각상은 땅에 떨어진 눈물방울은커녕 아무짝에도 쓸모없는 돌덩이에 지나지 않았다. 몇 년 후 성인이 된다는 게 끝이 아닌 새로운 시작이 될 수 있음을 알고 깜짝 놀란 것은 당연한 일이었다.

하지만 이보다 더욱 놀라운 사실은 존재의 도덕적 풍경moral landscape이 물리적 풍경, 곧 일상 속에서 의식적으로 공명된다는 것이다. 발현 방식은 다를 수 있어도 동기는 언제나 똑같게 마련이다. 어린 시절의 기억에 무의식적으로 끌린 탓인지 이십 대의 어느 날 나는 하이드 공원으로 발길을 옮기는 나 자신을 발견했다. 이곳저곳 거닐던 중에 우연히 서펜타인 호수 동편에 갔다가 델Dell, 하이드 공원의 공터 이름 근처에 위치한 홀로코스트 기념비 앞에 이르렀다. 자작나무가 작은 숲을 이룬 가운데 울퉁불퉁한 자갈밭 위에 동상도 비석도 없이 큰 바위 두 개와 작은 바위 세 개가 덩그러니 놓여 있을 뿐이었다. 자갈밭과 자작나무 숲 사이로 상록수 몇 그루가 우뚝 솟아 있고 그 아래 음지식물이 덤불을 이루었다. 나뭇가지 사이로 푸르스름한 햇살이 눈부시게 쏟아져내렸다. 아침나절 쏟아진 빗줄기에 가장 큰 바위 옆으로 어두운 눈물 자국이 나 있고, 바위 정면에 새겨진 '예레미야 애가'의 한 구절이 한층 도

이 풍부한 감정과 감수성을 간직한 변화된 풍경 속에서 새로운 대화가 오갈 수도 있다는 생각은 전혀 들지 않았다.

이제는 덩굴장미가 회회 감긴 터널 길이 홀로코스트 기념비에서 장미 정원 입구까지 길게 이어져 있다. 이 길은 향기로운 꽃그늘 아래 부드러운 곡선을 그리며 정원으로 뻗어나간다. 넝쿨이 어찌나 촘촘한지 공원에 쏟아지는 찬란한 햇살이 언뜻언뜻 내비칠 따름이다. 터널 아래를 걷는 것은 그 자체로 항복과 믿음의 행위다. 다시 말해 터널 길은 하나의 현실을 뒤로하면 저 너머에 또 다른 현실이 기다린다는 사실을 인정하라고 요구한다. 어린이 문학 애호가에게 장미 터널은 거울과 오른쪽 첫 번째 별, 장롱, 황동으로 만든 침대 봉에 대한 오마주다.^{각각} 『거울 나라의 앨리스』 『피터 팬』 『사자와 마녀와 옷장』, 메리 노턴의 『하늘을 나는 마법의 침대』를 가리키는 것으로 보인다.

장미 정원에는 영국의 고전적 양식으로 꾸민 넓은 공간과 사방이 뚫린 소옥小屋이 연이어 나온다. 발자국을 뗄 때마다 라벤더와 샐비어 꽃향기가 진한 영국 장미꽃 향기에 섞여 코를 찌르며 풍겨온다. 굽이도는 길을 따라 걷다 보면 덩굴장미가 커다란 원을 그리며 뻗어나간 공간—20세기 초반 에드워드 7세 시대에 유행한 조경 방식—이 나오는데, 그 안에 이름 모를 분홍색 꽃과 하얀 장미꽃이 만발한 정원이 있고 또 그 안에는 알렉산더 먼로Alexander Munro, 영국의 라파엘 전파 조각가의 유명한 작품 〈소년과 돌고래 분수〉가 서 있다. 돌고래 콧구멍에서 물이 졸졸 흘러내리는 분수는 한때 공원에서 가장 크고 중요한 식수원이었다.

홀로코스트 기념비가 찾는 이 없이 적막하고 황량한 반면 장미 정원은 인간이 신의 손을 빌리지 않고도 아르카디아그리스 펠로폰네소스 반도 중앙에 위치한 고원지대로 목가적 이상향을 의미한다를 만들 가능성을 보여준다. 정원과 기념비는 평형추처럼 서로를 완벽하게 보완한다. 두 곳이 겉돌지 않을까 하는 걱정은 기우에 불과했다. 지금은 공원에 들를 때마다 기념비와 정원을 함께 찾는다. 나를 이곳으로 부르는 것은 기억의 즐거움이다. 어린 시절의 기억이 새록새록 떠올라 지금 이 벅찬 감정과 한데 어우러지는 것이다. 이곳으로 발길을 옮기는 또 다른 이유는 다른 곳에선 들을 수 없는 사람 사는 이야기를 들을 수 있기 때문이다. 삶의 정원과 죽음의 기념비 앞에 서면 나도 모르게 희망 어린 생각을 하게 된다. 과거는 실로 우리가 상상할 수 있는 범위 안에 있는 것이 아닐까 하는.

아이비 정원, 더블린
IVEAGH GARDENS

존 밴빌
JOHN BANVILLE

잎사귀 사이로 비치는 사랑

파리를 처음 보았을 때 내 나이 열여덟 살이었다. 젊은 날의 경험을 하기에 좋은 나이였다. 대처에서 주눅 들지 않을 만큼 성숙하되 새로운 시각으로 세상을 보고 받아들일 만큼 어린 나이가 열여덟이다. 나는 파리에 있는 내내 거의 밖에서 지내며 말 그대로 파리를 보았다. 내가 묵었던 몰리에르 가의 호텔 5층에 있는 '다락방'은 하도 허름하고 좁아서 낮 동안 머물고 싶은 마음을 싹 달아나게 했다. 그렇다고 근사한 식당에서 점심을 오랫동안 먹거나 센 강 좌안의 카페에서 몇 시간이고 노닥거릴 형편도 못 되었다. 하는 수 없이 나는 걸으면서 보고, 보면서 걸었다.

나의 눈길을 단박에 사로잡은 것은 조각상이었다. 아일랜드에서는 거대한 받침돌을 세우고 그 위에 작은 조각상을 얹는데 그런 까닭에 위로 올라갈수록 영광에 대한 열망이 점차 줄어드는 것처럼 보인다. 반면에 파리의 거대한 석상은 압도적인 웅장함과 생생함으로 우리를 향해 성큼성큼 걸어온다. 까마득히 먼 옛날의 일이지만 뤽상부르 정원에 처음 갔을 때가 어제 일처럼 새롭다. 큰 나무의 잎사귀 사이로 황금빛 햇살이 어룽거리고 먼지바람이 뿌옇게 불던 9월의 오후였다. 한껏 멋을 부린 부르주아지와 꿈꾸듯 공원을 거니는 연인들과 뛰노는 아이들을 보고 있자니 르누아르나 라울 뒤피의 그림 속에 들어온 것 같은 착각이 들었다.

그로부터 몇 년 뒤 나는 뤽상부르 정원 근처의 친구네 아파트에 이따금 묵었는데 그럴 때면 오후에 딸아이를 데리고 정원을 찾곤 했다. 아장아장 걷는 딸아이는 정원이 좋은지 신나게 놀다가도 문득 예의 그 커다란 조각상 앞에 멈춰 서서는 마치 조각상이 자기에게 말을 건네기라도 하듯 두려움과 호기심이 교차하는 시선으로 조각상을 올려다보았다. 그새 훌쩍 자란 딸아이는 지금 파리에서 살며 뤽상부르 정원을 제집 드나들듯 한다.

우리는 오랫동안 공원과 유원지에 익숙해진 나머지 이곳이 얼마나 멋진 곳인지 망각하곤 한다. 공원은 고대에도 존재했지만—바빌론의 공중 정원을 생각해보아라—특히 영국, 더 나아가 미국에서 근대 계몽운동이 공적인 영역에서 발현된 전형적인 예가 공원이라 할 수 있다. 앤드루 마벌Andrew Marvell이 「정원」과 더불어 「정원을 거슬러 풀 베는 사람」이라는 시를 남긴 반면에 알렉산더 포프Alexander Pope는 풀밭을 가꾸고 울타리를 세우는 행위야말로 통제와 절제된 우아함을 통해 아름다움의 극치에 도달하고 싶은 인간의 욕망에 더없이 잘 어울린다고 말했다. 사나운 자연은 순량하게 길들여져야 한다. 공원 조경가의 목표는 자연을 달래고 개화하는 것이다. 맨해튼의 센트럴파크는 여가를 위해 할애된 땅 가운데 세계에서 가장 비싼 땅이 아닐까 싶다.

웅장함이 좋긴 하지만 누구나 남몰래 사색하고 기쁨을 누릴 은밀한 장소를 가지고 있게 마련이다. 1960년대 초반 나는 아일랜드의 작

은 시골 마을에서 더블린으로 상경한 뒤 자석에 이끌리듯 도심 속 공원으로 발걸음을 옮겼다. 내 뿌리에 대한 향수 때문이리라. 유럽에서 가장 큰 공원이라는 피닉스 공원이 리피 강을 따라 흡사 황무지처럼 십수 킬로미터 광활하게 펼쳐졌지만 고향에 온 듯한 느낌은 들지 않았다. 오히려 어렸을 적에 뛰놀던 시골 들판과 나무 우거진 구릉이 떠오르는 바람에 고향 생각만 더 많이 났다. 한편 더블린 도심 한복판에 있는 조지 왕조풍의 세인트스티븐그린공원St. Stephen's Green은 포프가 인정할 만큼 세련미가 넘치지만 지나치게 깔끔한 데다 장엄하기까지 해서 마벌의 풀 베는 사람이 잔뜩 찌푸린 얼굴로 투덜거리는 소리가 들리는 듯했다.

> 저 너머 황홀한 들판은 까마득히 잊혀가고
> 분수와 동굴만 자꾸 생겨나는구나.

세인트스티븐그린공원에서 그리 멀지 않은 아이비 정원은 화려함과는 거리가 먼 아담하고 어딘가 우수에 젖은 듯한 공원이다. 한마디로 나에게 딱 맞는 공원이다. 더블린에 있는 많은 공원 중에서 나는 이곳이 제일 좋다. 내가 이곳을 발견했을 때에는 이미 내 나이 마흔이 넘은 뒤였다. 실은 나 혼자선 절대 찾지 못했을 것이기에 '발견했다'고 하는 것은 잘못된 표현이다. 나를 이곳으로 데려온 사람은 그때 내가 한창 사랑에 빠져 있었던 여인이었다. 종국에는 허무하게 끝난 사랑이었지만 말이다. 그녀는 이미 결혼한 몸이라 우리는 사람들 눈을 피해 더블린에서 최대한 먼 곳으로 가 밀회를 즐겼다. 밀회라고 해봤자 몇 번 만나지도 못했지만 여하튼 더블린은 색욕이 왕성하기로 유명한 도시가 아니던가.

그녀는 조용한 곳이 있다며 그곳을 아는 사람이 많지 않다고 했다. 무엇에 쫓기듯 서둘러 갔지만 결코 잊지 못할 점심이었다. 그녀는 샌드위치를 사오고 나는 혹시나 하고 기대하는 마음으로 와인 한 병을 들고 갔지만 이내 헛된 꿈으로 끝나고 말았다. 푸생의 그림처럼 맑은 초가을 하늘 아래 나무들이 단풍 질 때가 멀지 않은 듯 올리브색 나뭇잎을 매단 채 저 높이서 꿈길을 더듬는 듯한 한탄의 소리를 내고 있었다. 자리에 앉기 전에 그녀는 자신만의 공간을 보여주겠다고 했다. 그녀와 함께 바람에 흔들리는 나뭇잎 아래 자갈길을 걷던 광경이 지금도 눈에 선하다. 자갈길 옆 삐죽삐죽 자란 풀조차 기분 좋게 보이던 그때 그곳의 기억. 여기에는 분수가, 저기에는 양궁장이 있었다. 아, 저 너머 장미 정원에서 바람을 타고 날아오는 진한 꽃향기란! 그녀가 미로가 있다는데 자기는 도저히 못 찾겠다고 말했다. 나는 그녀의 손을 가만히 잡았다. 부질없다고, 다 부질없는 짓이라고 그녀는 한숨지었지만 얼굴에는 여전히 미소를 띤 채 잡힌 손을 그대로 두었다. 장소가 의미를 띨 때는 이처럼 보잘것없지만 가슴 아픈 순간이다.

아이비 정원에는 그 나름의 역사가 있다. 이곳은 18세기 중반 리슨의 들판Leeson's Fields이라는 이름으로 역사에 처음 기록되었다. 해치라는 이름의 개발업자가 이 땅을 빌린 뒤 하코트 가에 있는 자기 집 정원으로 사용했는데 이 집은 원래 '구릿빛 얼굴의 잭'이라는 별난 별명이 붙은 술고래이자 아일랜드 대법관을 지낸 클론멜 경을 위해 지어진 집이었다. 1810년에 이 집이 팔리고 나서 뒷마당이 코버그 정원이라는 이름으로 대중에게 개방되었다. 1860년대 초반 대대로 양조업을 하는 기네스 가문의 벤저민 기네스가 이 땅을 샀는데 예나 지금이나 박애주의를 실천하는 기네스 가문의 자손답게 벤저민은 이름도 찬연한 '더블린 박람회 펠리스&윈터 가든 컴퍼니'에 땅을 임대했다. 얼마 지나지 않아 1865년에 이곳에서 더블린 세계 박람회가 개최되었다.

윈터 가든 옆에 웅장하게 서 있던 박람회 건물은 거대한 유리 돔과 철골이 인상적이었다.(박람회 건물은 후일에 더블린 아일랜드 국립대학교 건물로 사용되다가 오늘날 일부가 국립콘서트홀National Concert Hall로 남아 있다.) "수백 명의 인부가 달리고 제78연대 소속 보병 600여 명이 행진하고 수천 개의 대포알을 굴리면서" 건물의 안전성을 검증했다. (이렇게 소소하면서도 소중한 역사 자료는 미술사가 크리스틴 케이시의 『더블린』에서 인용한 것이다. 예일대학교출판부에서 나온 '아일랜드의 건물 시리즈'의 첫 권이자 내가 알기로 마지막 권이다. 읽어볼 만한 책이다.)

벤저민 기네스는 세인트스티븐그린공원에 면한 78번지~81번지를 구입한 뒤 그곳에 웅장한 대저택 아이비 하우스—지금은 아일랜드 외무부 건물로 사용된다—를 지었다. 박람회가 끝나자 정원을 넘겨받은 뒤 건축가 니니언 니븐—그때는 이름도 멋스러웠다!—에게 프랑스와 영국 양식이 조합된 정원으로 꾸며줄 것을 요구하며 조경을 맡겼다. 1908년 벤저민 기네스의 아들인 에드워드, 곧 아이비 백작 1세는 정원을 더블린 아일랜드 국립대학교에 기증하고 대학교는 기증자의 이름을 따서 이곳을 아이비 정원으로 명명했다.

내가 이곳에 처음 왔을 때 국립콘서트홀과 외무부 건물 뒤편에 있던 정원은 행복한 나태 속에 가라앉아 있었다.

축구장 크기만 할까, 정원은 아담하다. 공원 안내서에는 인공 동굴과 작은 폭포, 두 개의 분수대, 숲과 공터, 장미꽃밭과 미국풍의 정원, 양궁장, 암석정원과 뿌리 뭉치—정체가 뭔지 지금도 모르겠다—와 미로가 있다고 나온다. 그중에 미로가 제일 재미있다. 그 옛날 나의 잃어버린 여인처럼 나 역시 정원에서 미로를 찾은 적이 한 번도 없기 때문이다. 미로에서 헤매는 것도 재미있지만 내 생각엔 어디에 있는지 알 수 없는 미로야말로 보르헤스의 이야기 속 상상처럼 경이롭게 느껴진다. 만일에 사후 세계가 있다면 겹겹이 쌓인 정원들 속에서 이 신비의 정원을 찾아 끝없이 맴도는 보르헤스의 미로가 사후 세계를 견디기에 꽤 괜찮은 방법이 아닐까 하는 상상을 한다.

1990년대 중반에 공공사업국은 아이비 정원을 보수하는 공사를 시작했다. 정원은 말끔한 얼굴로 새로 태어났지만 나는 헛된 사랑을 좇아 황망히 찾아갔던, 인류가 타락하기 이전의 무질서한 모습을 간직한 그 옛날의 정원이 훨씬 좋다. 공원은 신비롭고—음모를 꾸밀 때에는 으슥한 공원이 더 좋다는 사실을 인정하자—때론 불길해 보이기도 한다.

미켈란젤로 안토니오니 감독의 〈욕망Blow-up〉을 기억하는가? 이 영화를 본 사람 중에 사진작가로 분한 데이비드 헤밍스가 런던의 한 공원에서 찍은 사진을 현상하던 중에 사진 속에서 살인 장면으로 보이는 장면을 발견할 때 울려 퍼지던 그 음악을 잊을 사람이 있을까? 나뭇잎이 바람에 나부끼며 내던 그 불길한 소리를. 어떤 이는 공원을 찾을 때 '음흉한 계략'을 꾸미기도 한다. 두 눈을 감고 손으로 얼굴을 감싼 채 헝클어진 옷차림으로 풀밭에 웅크리고 앉아 있는 사람을 보면 불현듯 불길한 생각이 뇌리를 스치고 지나간다. 저 사람이 자는 걸까, 아니면……? 나는 분수와 꽃밭도 좋지만 가끔씩 이렇게 섬뜩한 상상을 하며 공원을 거니는 게 마냥 즐겁다.

이제 조각상 차례다. 하지만 안타깝게도 아이비 정원에는 조각상이 많지 않다. 쌍둥이 분수 옆에는 이상할 만큼 손이 큰—사악한 무리로부터 정의를 지키기 위해서일까?—근육질의 쌍둥이 천사가 서로를 마주 보며 서 있고 콘크리트 받침돌 위에는 실물보다 작은 여자 형상의 조각상이 여러 개 서 있다. 하나같이 코가 없는 얼굴에는 이끼가 퍼렇게 앉아 있고, 지치고 실의에 찬 표정으로 아래를 굽어보고 있다. "1872년의 기록에 따르면 땅의 신령과 토끼풀 위에 앉은 에린Erin. 아일랜드의 옛 이름. 토끼풀은 아일랜드의 국장이다의 조각상, 아일랜드의 네 개 주를 상징하는 조각상과 성 패트릭의 조각상이 있었다고 한다." 흠, 역사 속으로 사라진 이 멋진 조각상들을 애도할 마음은 없다. 그 대신 테너 존 매코맥John McCormack의 현대식 동상이 새끼 새가 먹이를 달라고 아우성치

듯 입을 크게 벌리고 신성한 나무 그늘 아래 서 있다. 주위의 무심한 수풀을 향해 들리지 않는 노래를 부르는 그가 왠지 슬퍼 보인다. 하지만 이 위대한 테너의 동상이 뤽상부르 정원으로 옮겨진다고 해서 더 행복할 것 같지는 않다. 수많은 영웅적인 음악가들에 둘러싸여 한층 더 작아 보일 것이기에.

얼마 전에 작은딸을 데리고 아이비 정원을 찾았다. 작은딸은 지금 열여섯 살이다. 나에게 너무나 소중한 이곳, 한때 달콤하면서도 슬픈 사랑을 꿈꾸었던 이곳을 작은딸에게 보여주고 싶어서였다. 그런데 놀랍게도 작은딸이 이곳을 벌써 알고 있었다. 남자 친구가 근처에 살아서 학교가 끝나면 이곳으로 와 함께 시간을 보낸다는 것이었다. 이 젊은 두 연인은 이곳에서 그날 일을 이야기하며 서로를 알아가고 조금씩 성장해갈 것이다. 작은딸이 예의 그 무심한 목소리로 말을 이어나갈 때 나는 마법 같은 공원의 영원불멸성에 놀라지 않을 수 없었다. 세대는 달라도 공원을 이용하는 방법은 같았던 것이다. 우리는 변하고 나이 들고 머물렀다 떠나가고 종국에는 죽는다. 하지만 공원은 이 모든 것을 견뎌낸다. 언제나 그곳에 있을 공원이 슬픈 우리의 영혼을 가만히 어루만진다.

뤽상부르 정원, 파리
JARDIN DU LUXEMBOURG

어맨다 할레크
AMANDA HARLECH

영혼의 사랑

뤽상부르 정원은 그냥 정원이 아니다. 여느 도시 속 공원과도 다르다. 이곳은 파리의 정원답게 인위적인 동시에 과수원에서 술래잡기를 하는 아이들처럼 자연적이다. 하지만 삐딱하게 꼬여서 감상적 상념에 빠져 있던 스무 살 청춘이 파리에서 기대한 모습은 이런 것이 아니었다. 더욱이 그때 옥스퍼드 대학생이었던 나는 도무지 속내를 짐작할 수 없는 유망한 역사학자 피에르를 쫓아 유럽의 교회와 화랑을 둘러보는 '그랜드 투어'를 하고 있었다. 1979년 봄 나는 열병 같은 사랑에 빠져 있었다. 정확히 말하면 짝사랑의 열병을 앓고 있었다. 나는 가슴—와이엇과 조이스, 릴케가 키운 가슴—깊숙이 박힌 가시를 살살 달래며 향내 진동하는 눅눅한 비잔틴의 교회를 그의 뒤를 쫓아 돌아다녔다. 욕망의 가방처럼 가죽 여행 가방을 질질 끌면서. 배낭과 운동화와 지름길이라면 질색을 하는 피에르가 못내 못마땅하긴 했지만 그래도 그를 떠나보낼 준비는 안 돼 있었다.

우리는 무일푼으로 주린 배를 부여잡고 라스파이 대로변에 있는, 나무가 무성하고 책이 빼곡한 피에르 어머니의 집으로 돌아왔다. 그러나 피에르의 미장센이 흐트러지는 법은 없었다. 지난 몇 주 동안 요크셔에서 보인 집요한 투지는 온데간데없고 그는 어느새 프랑스인 특유의 자부심이 넘치는 우아한 건달 장폴 벨몽도로 변해 있었다. 그의 영원한 추종자인 나는 이번엔 그의 쓸쓸한 필름 누아르에서 파멸을 맞이할 파리의 팜므 파탈로 분했다. 막다른 길로 치닫는 거친 낭만성을 그는 초장부터 극적이면서도 화려한 여행 일정으로 풀어낼 것이었다. 이번 여행은 열한 살의 내가 멋 부리기를 즐긴 술고래 대부를 따라 루브르 박물관에 갔던 여행과는 달랐다. 또한 우리 가족이 가을 학기에 맞춰 스페인의 시골 별장에서 돌아오다 프랑스에서 영국행 밤배로 갈아타기 전에 크로크무슈^{치즈를 얹어서 구운 햄 샌드위치}와 감자튀김을 먹겠다고 먼지를 보얗게 뒤집어쓴 볼보에서 뛰어내려 햇볕에 새까맣게 그을린 얼굴을 쳐들고 카페 드 플로르^{Café de Flore}로 뛰어가던 그 옛날의 여행과도 달랐다. 피에르는 길을 개척하는 선구자요, 장소의 진실성을 알아내는 예언자였다. 그는 모호한 정보 속에서도 낯섦을 찾아내는 19세기 소설가의 매서운 눈을 가지고 있었다.

그는 탱탱하게 젊음을 유지하는 이 지혜로운 고급 매춘부, 파리를 보고 듣고 느껴보라고 나에게 말했다. 파리에는 겉으로 보이는 그 이상의 것이 있다. 파리는 우아함과 폭력과 향기와 철학적 의미와 의식儀式과 거친 여자들의 도시다. 파리는 잘난 체하고 허영심에 차 있는 반면 세련되고 예민하다. 파리는 패션의 여왕이요, 시간의 유혹자다.

피에르가 아침에 방문을 쿵쿵 두들기며 나를 깨웠다. 친절하게 해설해주는 역사가의 목소리는 꺼진 지 오래되었다. 그가 말없이 문가에 서서 나를 노려보더니 푸른색이 들어간 흰색 셔츠와 브르타뉴 지방의 어부가 입을 법한 줄무늬 스웨터를 내 머리 위로 휙 던졌다. 어서 갈아입으라는 뜻이리라. 이러는 걸 보니 나를 향한 마음이 생긴 게 아닐까 하는 기대가 은근히 생겼다. 감추려던 내 마음이 무심결에 튀어나왔을 때 그가 트위드 재킷의 옷깃을 바투 세우며 애써 외면하는 일은 이제 없을지도 몰랐다. 그는 라 쿠폴^{La Coupole}에서 아침으로 카페오레와 타흐딘느^{버터나 잼을 바른 빵}를 먹으며 〈르몽드〉지를 읽었다. 신문이 나무 기둥에 매인 돛처럼 펄럭이는 게 마치 강풍 속에서 윈드서핑을 즐기는 사람 같았다. 그는 비록 자기가 담배는 못해도 이게 진짜 담배라며 지탄 마이스^{Gitanes Maïs} 한 갑을 사주었다. 그러고는 헐렁하게 말린 눅눅한 옥수수 종이 담배가 내 입술 끝에 걸치는 걸 보더니 크게 소리 내어 웃었다.

화창한 5월의 아침이었다. 따듯한 봄바람이 건듯건듯 불 때마다 라임과 라일락과 히아신스에서 뿜어내는 농농한 꽃향기가 코끝을 찔렀다. 왜 꽃가게가 빵집처럼 생겼죠? 내가 용기를 내어 물었다. 파리는 화장, 실크, 레이스처럼 자연을 압도하는 문명의 힘을 자랑스럽게 여기기 때문이야. 그가 까슬까슬한 헵던^{영국의 의류 회사} 트위드 재킷의 옷깃을 세우며 대답했다. 나는 무슨 말인지 알아들을 수가 없었다. 우리는 플뢰뤼스 가를 따라 물소리가 들리는 쪽으로 걸어갔다. 파리는 변신의 도시다. 무언의 언어를 부채로 표현한다든지 낯선 이의 양 볼에 키스를 한다든지 하는 돌발적인 의식에 매혹되듯 나는 바닥 깔개와 헝겊 조각으로 수문을 열고 닫는 미니어처 댐의 비밀스러운 원리에 온통 마음을 빼앗겼다. 그리고 사시사철 하루도 빠짐없이 조심스레 제자리를 지키는 이 모든 은밀한 과정을 홀린 듯 바라보았다.

파리의 건축은 명료하고 도시 전체에는 고전적 비례미가 흐르며 거리는 어디 하나 허투루 놓인 곳이 없었다. 나는 파리의 마법에 걸린 것이다. 늙은 아버지처럼 템스 강이 무겁게 흐르고 중세의 혼돈이 아로새겨진 런던과 달리 파리에선 모든 것이 드넓은 창공 아래 센 강에 부서지는 햇살을 받아 찬란하게 빛났다. 지금 어디로 가는 거죠? 뤽상부르 정원. 세상에 이런 정원은 또 없어. 켄싱턴 정원도, 센트럴파크도 여기보단 못해. 이곳은 마리 드 메디치Marie de' Medici가 유년 시절을 보낸 피렌체의 피티 궁전 정원과 협주를 펼치는 도심 속 성역聖域이야. 내 비밀의 정원이지. 피에르가 하도 부드러운 목소리로 말해서 기억 저 너머에 있는 다른 세상 사람에게 말을 건네는 게 아닐까 하는 생각이 들었다. 혹은 자기 자신에게 하는 말일지도 몰랐다.

나는 주목이 조각처럼 우뚝 솟아 있고 밤나무가 산책로 양쪽으로 청청히 늘어선 파리의 공원에선 풀밭을 걷는 사람이 아무도 없는 줄 알았다. 세련된 지성과 막대한 부의 발현이라는 점에서 파리의 공원은 베르사유 궁전과 다를 바 없었다. 레이스 자수 손수건처럼 정교하고 분수와 조각상이 보석처럼 박힌 꽃밭을 걷는다니. 어린 시절의 고향—이것이 우리가 말하는 '사랑'이 아닐까—을 재현하기 위해 만들었다는 정원이 나에게는 천국의 정원, 돌담 안의 에덴처럼 느껴졌다. 더욱이 남편인 앙리 4세의 암살 이후 마음의 평온을 위해 뤽상부르 공작에게 어렵사리 받아낸 땅에 만든 정원이었다. 마리 드 메디치는 계절마다 색깔을 바꾸는 묘목 과수원과 포도밭, 카르투지오 수도원을 바라보며 위안을 얻었던 어린 시절의 기억을 잊지 못했던 게 분명하다. 때론 굴욕적 패배를 맛보고 때론 아들들과도 권력 암투를 벌여야 하는 궁전에서 빠져나와 잠시나마 쉴 수 있는 공간이 필요했을 것이다. 아니면 깜깜한 절망감에 사로잡혔을 때에 도망칠 공간 하나 정도는 갖고 싶었을지도 모른다. 우리는 보지라르 가에서 벗어나 보기 좋게 다듬은 나무를 따라 넓은 자갈길을 걸어 올라갔다. 정원은 프랑스 중세의 점잖은 연애처럼 다소 딱딱하게 격식을 갖춘 듯 보이지만, 지난날 카르투지오 수도사들이 과수원에서 사과나무와 배나무를 돌보며 그러했듯이(프랑스 상원에 지금도 샤르트뢰즈18세기경부터 카르투지오 수도사들이 제조한 프랑스 술를 공급한다) 오늘 이곳에 모인 사람들도 모두 행복한 표정을 짓고 있었다. 뤽상부르 정원에서는 시간이 멎은 듯했다. 지금도 릴케의 시(「회전목마, 뤽상부르 정원」, 1905)에 나오는 흰 코끼리는 사자와 사슴과 앞발을 번쩍 쳐든 얼룩말을 뒤쫓고, 아이들은 팔각형 연못에서 배를 띄우고, 학생들은 뿌연 담배 연기를 내뿜으며 성 미셸 입구에 서 있고, 나이 지긋한 노인들은 밤나무 아래에서 체스를 두고 있다.

우리는 벤치에 앉았다. 그러곤 얼마간 망아지경에 빠져 19세기 세베르제 형제Seeberger Brothers의 사진 속 인물이 되었다. 점점이 찍힌 나뭇잎, 재자재자 울며 수면을 스치듯 날아가는 칼새 두 마리, 교복 차림으로 아이스크림콘을 먹으며 계단 난간으로 강아지를 잡아끄는 세 명의 아이들, 먹물처럼 어두운 제 그림자 속에 먹잇감이 더 있기라도 하듯 사나운 표정을 지으며 난간 위에 서 있는 커다란 바바리사자 조각상 두 개. 서로에게 모래를 던지는 두 명의 금발 소년에게 엄마가 소리를 지르고, 돌과 나뭇잎과 분수의 정적을 깨고 밴드가 연주를 시작한다. 몽롱한 열기를 뿜어내는 이 세계를, 스스로의 리듬으로 모였다가 흩어지기를 영원히 반복할 이 세계를 꼭 예전부터 알고 있었던 것 같은 기분이 든다. 연못가에 서 있는 노부인. 모자에 꽂힌 까만 깃털 하나가 바람에 나부낀다. 물속에서 무언가를 찾는 듯한 모습이 마치 반지를 연못에 빠뜨린 뒤 검푸른 물풀 사이에서 황금처럼 빛나는 소중한 순간을 포착하기를 갈망하는 사람처럼 보인다. 노부인이 갑자기 허리를 숙여 발치에 있던 가방을 뒤적뒤적하더니 빵 부스러기를 꺼내 오리와 잉어에게 던지기 시작한다. 그 순간 나는 피에르가 자신의 어릴 적 사진을 보여주고 있다는 사실을 깨닫는다.

뤽상부르 정원을 처음 찾았던 5월의 그날 아침을 결코 잊을 수 없다. 지금도 파리에 갈 일이 생기면 그때 걸었던 그 길을 되짚어가며 지나간 모든 나날과 고동치는 현재를 느낀다. 빗줄기를, 탐스러운 눈송이를, 오렌지나무와 종려나무가 겨울옷을 벗고 새싹을 틔우는 이른 봄날을, 눈부시게 푸르른 7월의 여름날을 홀린 듯 바라보며 파리에서의 첫사랑의 추억을 아련히 떠올린다. 우리 자신의 영혼과 우리보다 앞서서 이곳을 찾았던 모든 이의 영혼이 길모퉁이에 서서 나뭇잎 사이로 이쪽을 돌아본다. 웃음소리가 들리고 조르주 상드George Sand, 쇼팽의 여인으로 유명한 프랑스의 소설가의 조각상 그늘 속으로 무엇인가가 후닥닥 뛰어가고 어디선가 날아온 공이 양봉장 앞으로 굴러가더니 멈춰 선다. 뤽상부

르 정원에 서서 주위를 둘러보며 가만히 귀 기울일 모든 이에게 들려
줄 이 오래된 이야기 속에 오로지 벌들만이 부지런히 날아다닌다.

링컨 공원/그랜트 공원, 시카고
LINCOLN PARK/GRANT PARK

조너선 알터
JONATHAN ALTER

알렉산더 해밀턴은 공원이 아닌 그저 길 건너편에 서 있는 조각상이었다. 다섯 살 어린 마음에 미국의 대통령으로 우뚝 선 에이브러햄 링컨이나 율리시스 S. 그랜트와는 달랐다. 각각 미국의 제16대 대통령과 제18대 대통령을 역임한 링컨과 그랜트는 온전히 자신들에게 헌정된 공원을 가지고 있었다. 반면에 해밀턴은 뛰어난 지략으로 독립전쟁에서 큰 공을 세웠지만 판테온에 들어가는 데에는 실패했다. 나는 이 사실을 너무나 잘 알고 있었다. 1962년에 조지 워싱턴부터 존 F. 케네디까지 35명의 미국 대통령 이름을 다 외울 줄 알았기 때문이다. 정확히 말해서 노래로 부를 줄 알았다. 이것은 부모님이 친구나 친척들을 초대한 자리에서 마티니 두어 잔을 마신 뒤 흥이 오른다 싶으면 손님들에게 으레 보여주던 일종의 파티 의례였다. 조니, 이리 와서 대통령 노래 좀 불러보렴. 그러면 나는 잠옷 차림으로 손님들 앞에 서서 대통령 이름—이름과 중간 이니셜, 성까지—을 줄줄 외웠다. 고백하기 부끄럽지만 반세기가 흐른 지금도 그때 느꼈던 뿌듯함이 마음 한편에 남아 있다. 암송이 끝나면 아버지는 "이 세상에 하나뿐인 까막눈 역사학자!"라고 자랑스럽게 말했다.

우리는 미시간 호의 노스사이드North Side에 길게 자리 잡은 링컨 공원 바로 옆에 살았다. 시카고 도심의 앞뜰로도 불리는 그랜트 공원은 호반을 따라 남쪽으로 몇 킬로미터 떨어진 곳에 있었다. 어린 나에게 공원은 창문 밖의 더 넓은 세상을 뜻하는 것이었다. 그때껏 나는 혼자서 동쪽의 호숫가—커녕 레이크뷰 가를 건너 링컨 공원에 가 본 적이 없었다. 누나는 여섯 살 때 혼자 모험을 감행했는데 나중에 우기 기로 가던 길을 멈추고 중간에 되돌아왔다고 했다. 하지만 누나를 집으로 데려온 경찰과 부모님 말씀은 사뭇 달랐다. 여하튼 라이트우드 Wrightwood를 지나 대리석 보도(오래전에 사라졌다) 위에 세워진 해밀턴 조각상까지 가려면 겨울 외투에서 작은 손을 꺼내 시카고의 칼바람을 맞아야 했다. 엄마가 몇 번이나 소매 끝에 똑딱단추로 연결해준 벙어리장갑은 없어진 지 이미 오래였다. 그래서 나는 하는 수 없이 엄마나 아빠, 혹은 헬가나 브레넌 아줌마 같은 지금은 기억조차 가물가물한 가정부 아줌마의 손을 맨손으로 잡고 길을 건너 해밀턴 조각상 앞을 지나 어두운 돌 터널(지금은 훨씬 작아진 것 같다)을 빠져나온 뒤 링컨 공원 호수로 가서 타기만 하면 속이 울렁거리는 그네를 탔다.

아파트와 유치원과 할머니네 집을 오가던 내 아늑한 세계가 링컨 공원으로 조금씩 확장되고 있었다. 이곳은 동물원에선 병아리가 알에서 깨어나고 하늘에는 언제나 풍선이 떠 있는 신비로 가득 찬 공간이었다. 엄마는 우리 사 남매가 수양버들과 새 둥지에 감탄하는 아이들로 자라기를 바랐다. 우리는 아버지와 함께 악마의 언덕Devil's Hill에서 썰매를 탔고, 나중에 우리 집이 윗동네 호손 플레이스Hawthorne Place로 이사 갔을 때에는 리글리 필드Wrigley Field에서 동쪽으로 네 블록 떨어진 애디슨 가 근처에서 거대한 토템 기둥을 보았다. 또한 호수를 훑고 올라오는 칼바람을 맞으며 웨이브랜드 가에서 테니스를 치고 스케이트를 탔다. 시카고가 어떻게 해서 '바람의 도시'로 불리게 되었는지 정확히 아는 사람은 없다. 지금은 (까막눈이 아닌) 많은 역자학자들이 바람 때문이라기보다는 19세기의 장황한long-winded 정치인들 때문이지 않을까 하고 추측할 뿐이다.

미국의 역사는 내 개인적 역사와 맞물려 들어갔다. 내가 학교에 들어간 뒤에도 엄마는 링컨의 생일인 2월 12일이 되면 케이크를 구워주었는데 이건 친구들에게 차마 말할 수 없는 비밀이었다. 나는 친구들과 틈만 나면 운동을 했다. 어두워지기 전에 공원으로 가서 가을에는 보호 장비 없이 미식축구를 하고 봄에는 (글러브도 끼지 않은 채) 시카고 스타일의 16인치 소프트볼을 했다. 무더운 여름날에는 풀러턴 가나 오크 가의 해수욕장으로 가는 것도 귀찮은 나머지 바위에서 물속으로 곧장 뛰어들곤 했다. 위험천만한 짓이었다. 폴란드나 리투아니아, 우크라이나, 아일랜드 같은 별세계에서 온 듯한 비키니 차림의 여자들에 일찍부터 노출되다 보니 공원에 가는 것은 또한 그 자체로 인생 공부였다. 노숙자(당시에는 노숙자라는 단어가 없었지만)부터 그저 뭇사람의 이목을 끌고 싶은 괴짜에 이르기까지 공원에 둥지를 튼 사람들을 찾는 기쁨도 쏠쏠했다. 투박하게 생긴 돌 분수에서 물을 마시다 친구 얼굴로 물줄기가 뿜어져 나가도록 조준한 일도 즐거운 추억으로 남는다.

6학년의 어느 겨울날 나는 공원에 하키를 하러 갈 생각으로 친구 케이시에게 전화를 걸었다. 그랬더니 이 친구가 엄마가 수술 후에 돌아가셔서 나갈 수 없다고 대답했다. 아버지도 4학년 때 암으로 돌아가신 데다 얹혀살 일가친척 하나 없어서 친구 녀석과 남동생 바나비는 졸지에 고아 신세가 되었다. 다행히도 우리 학교의 학부모 가운데 한 분이 생면부지나 다름없는 이 형제를 자기 집으로 데리고 가겠다고 약속했다. 장례식이 끝나고 문상객이 라이트우드의 친구네 집에 있는 동안 이 형제는 살그머니 밖으로 나와 링컨 공원으로 발길을 돌렸다. 공원에서 이들 형제는 공을 떨어뜨릴 때까지 캐치볼—계절에 맞지 않게 야구공과 축구공으로—을 했다. 몇 년이 지난 뒤 케이시는 말했다. 그날 공원의 치유력을 보았다고, 반나체의 괴테(시카고의 택시 운전사들은 "고디"라고 발음한다) 상과 그리 멀지 않은 그곳에서 모든 게 다 잘될 거라는 예감이 들었다고.

그해 8월 여름에 캠프 버스가 그랜트 공원 앞 미시간 가의 콘래드 힐튼 호텔 앞에 나를 내려놓고 갔다. 2주가 지난 뒤 1968년 민주당 전당대회의 주관 호텔인 이곳에 다시 왔을 때 호텔 앞은 이미 베트남전과 리처드 J. 데일리 시장에 반대하는 '장발족'과 이들을 저지하는 경찰로 아수라장이었다. 엄마는 휴버트 험프리^{1968년 전당대회에서 유진 매카시를 누르고 민주당 대통령 후보로 선출되지만 공화당의 리처드 닉슨에게 패한다} 사무실에서, 아버지는 유진 매카시 사무실에서 일한 덕에 나는 이 두 정치 거물의 사무실을 드나들며 역사적인 전당대회를 바로 옆에서 지켜보았다. 어느 날인가 호텔 로비에 악취탄이 터지는 사건이 발생했다. 지금도 그 냄새가 코를 찌르는 듯하다. 경찰이 시위자와 함께 시위자가 타고 있던 자전거를 링컨 공원 호수에 내던지는 사진이 신문마다 실리는가 하면, 그랜트 공원 음악당에서는 애비 호프만의 국제청년당^{Youth International Party}, 이른

바 이피들Yippies이 대통령 후보로 돼지를 추대했다.

그러던 어느 날 열 살의 내가 무슨 일인지 알기도 전에 엄마가 느닷없이 내 손을 거머잡고 달리기 시작하더니 레이크뷰 가에 이르러서는 손에 한층 힘을 준 채 미친 듯이 내달렸다. 촌각을 다투는 상황에 체면 따위는 상관없었다. 우리가 주차장에 세워진 차에 올라탔을 때는 이미 호텔 앞 큰길에 경찰이 새까맣게 깔린 뒤였다. 껄렁패건 기자건 길을 막는 자들은 무조건 잡아들일 기세였다. 조사위원회가 후일에 기술한 것처럼 곧 "경찰 폭동"이 일어났다. 사회운동가 돈 로즈가 구호를 외쳤다. "전 세계가 지켜보고 있다! 전 세계가 지켜보고 있다!" 정말로 그랬다. 그날 밤 그랜트 공원에서 민주당은 죽었다. 그해 리처드 닉슨이 대통령으로 당선되면서 미국 전역에 보수화의 물결이 거세게 밀려든 것은 당연한 귀결이었다. 시카고의 원조 여피족, 이른바 "호반의 진보주의자"들은 주춤하게 되지만 전당대회가 끝난 뒤 공직에 나가는 데 성공한 여피들도 있었다. 쿡 카운티에서 선출된 최초의 여성 공직자인 우리 엄마가 그중 한 명이었다.

이즈음 아버지는 주말은 물론이고 주중에도 사우스사이드South Side의 사무실까지 16킬로미터가 넘는 길을 호숫가 자전거도로로 출퇴근했다. 지금 같아서는 그다지 이상할 게 없어 보이지만 그때만 해도 아주 튀는 행동이었다. 아버지는 그랜트 공원에 이르러 당신의 애마 10단 기어 자전거를 서쪽으로 돌린 뒤 무솔리니 정권의 공군 원수인 이탈로 발보Italo Balbo의 이름을 딴 발보 가의 콘래드 힐튼 호텔을 향해

달렸다. 이탈로 발보에 대해 말하자면 1933년 시카고에서 열린 "진보의 세기" 세계 박람회에 24대의 은색 비행정을 몰고 미시간 호수에 착륙한 일로 당시에 엄청난 반향을 일으킨 인물이다. 하지만 최근 들어 이렇게 명예로운 장소에 나치즘 신봉자가 아닌 좀 더 품격 있는 이탈리아 후예, 이를테면 시카고 컵스의 전설적인 3루수이자 은퇴 후에는 시카고 컵스 경기 해설자로 활약한 론 산토^Ron Santo의 이름을 붙이자는 목소리가 점차 커지고 있다.

머리가 굵어지면서 나는 리글리 필드에서 시카고 컵스 게임을 본 뒤 그길로 오크 가의 해수욕장으로 달려가는 고향 문화에 자연스레 익숙해졌다. 나는 테니스도 치고 이론상으로는 사격도 할 수 있었다. 자전거를 타고 지금은 없어진 호숫가의 사격 연습장을 지나다 보면 화약 냄새가 코를 쿡 찔러왔다. 그러면 나는 내 또래 남자아이들처럼 제2차 세계대전에 참전해 총탄이 빗발치는 전장 한복판에 서 있는 내 모습을 상상하곤 했다. 하지만 사격 연습장은 공원 안에 있어도 공원이 아니었다. 링컨 공원 테니스 클럽을 날마다 제 집 안방 드나들 듯 독차지하면서 나중에 안 바에 따르면 2,700톤에 이르는 엄청난 양의 납을 호수에 내다 버린 이 복받은 자들은 대체 누구일까 나는 궁금해졌다. 게다가 항구에서 좋은 자리다 싶으면 어김없이 이자들의 배가 정박되어 있었다.

답은 이들이 힘 있는 자들이라는 것이었다. 시카고의 모든 곳이 그렇듯이 공원도 '데일리 조직리처드 J. 데일리는 21년 동안 시카고 시장으로 재임했으며 그의 아들 리처드 M. 데일리는 아버지의 뒤를 이어 22년 동안 시카고 시장 직을 유지했다'이 오랫동안 관리하며 지지 기반으로 삼았다. 시카고가 낳은 전설적인 칼럼니스트 고故 마이크 료코Mike Royko는 1966년 글에서 시카고의 도시 인장에 새겨진 '전원 도시'라는 뜻의 라틴어 문구 '우릅스 인 호르토Urbs in Horto'를 '우비 에스트 메아Ubi Est Mea', 곧 "내 것은 어디 있는가?"로 바꿔야 한다고 썼다. 20세기 중후반 공원시설공단 이사장으로 재임한 에드 켈리Ed Kelly는 영업권을 입찰에 부치지 않는 걸로 유명해서 어린 내가 공원에서 먹을 거라곤 버터 캐러멜 팝콘밖에 없었다. 무허가 상인은 공원에서 쫓겨나기 일쑤였는데 범죄율이 올라갈 때에는 특히 더했다. 1960년대 데일리와 켈리는 흑인 강도를 두려워한 나머지 링컨 공원에서 나무덤불을 베어내기까지 했다.

시카고는 예나 지금이나 인종 대립이 심한 도시다. 1919년 호수에서 헤엄치던 흑인 소년 몇몇이 보이지 않는 선을 넘어 백인 해수욕장으로 떠내려오자 성난 백인들이 소년들에게 돌을 던지기 시작했고 이 사건은 급기야 인종 폭동으로 번져 수백 명의 사상자를 냈다. 시카고에는 지금도 인종차별이 엄연히 존재한다. 소수 인종은 호수의 서쪽 지역, 곧 아름답게 조성되었지만 관리가 제대로 이루어지지 않는 공원을 주로 이용한다. 레이크 쇼어 드라이브미시간 호반의 도시 간선도로를 따라 빽빽하게 들어선 마천루는 찬란한 금속 휘장처럼 도시를 갈라놓는다. 문화적 충돌이라는 위험을 무릅쓰고 이 휘장이 올라가는 일은 극히 드물다. 라티노들은 오랫동안 공원에 축구장을 만들어줄 것을 공원시설공단에 요구해왔지만, 이사장 에드 켈리는 미국의 스포츠는 미식축구라며 미식축구장 골대를 활용해서 축구를 하라고 못 박았다. 지난 세기의 일이라고는 하나, 오늘날 시카고를 살아가는 이들 중에서 비치발리볼이나 카약, 삼륜 자전거가 백인의 여가 활동이라는 사실을 부인할 자는 거의 없을 것이다.

그러나 정치인들이 잘한 구석도 있다. 성인이 된 후 미국 전역을 다니면서 흥미로운 사실을 하나 발견했다. 바다에 면한 뉴욕이나 로스앤젤레스도 시카고처럼 도시 한복판에 해수욕장을 가지고 있지 않다는 사실이었다. 오대호 주변의 클리블랜드나 밀워키에도 모래사장은커녕 더러운 호숫가만 펼쳐져 있었다. 내가 백사장 위로 길게 드리운 고층 건물의 그림자를 다시 본 것은 마이애미와 호놀룰루에 간 뒤였다.

이제 까막눈이 아닌 나는 역사책을 읽으면서 시카고가 도시로 성장하기 훨씬 이전부터 '앞뜰'을 보호하려는 시도가 있었다는 사실을 알게 되었다. 1836년 의회는 일리노이 강과 미시간 호수를 연결하는 운하를 건설하기 위해 일리노이 주에 토지를 무상 불하했다. 새로 설치된 운하위원회는 호반이 "공공의 장소, 곧 만인에게 열려 있고 깨끗하며 빌딩을 비롯한 어떤 장애물도 없는 공유지"가 되어야 한다고 천명했다. 남북전쟁 동안 지금의 링컨 공원은 전사한 북군 병사와 남군 포로의 매장지였으며 1871년 시카고 대화재의 피해자들도 이곳에 묻혔다. 그랜트 공원에는 한때 기차역이 들어섰다. 나는 시카고의 위대한 선지자 대니얼 버넘Daniel Burnham에 대해 이것저것 알아보았다. 1909년 시카고의 도시 계획을 수립한 그는 역설적이게도 호수 개발을 하지 않은 것으로 유명했다. 대신에 그는 호숫가가 만인에게 열려 있고 깨끗하며 자유로워야 한다는 사실을 분명히 했다. 버넘은 "소소한 계획을 세우지 마라. 그런 계획은 사람의 영혼을 자극하지 못한다"라고 썼다.

시간이 흐르면서 이 말은 오래전에 고인이 된 건축가의 공허한 선언이 아닌 우리네 삶을 위한 소중한(거창한 면이 없지 않지만) 청사진으로 자리매김하게 되었다. 게다가 이 정신은 우리 가족의 DNA에 깊숙이 새겨져 있는 듯하다. 1980년대 아버지는 '공원의 친구들'이라는 시민 단체를 이끌면서 공원시설공단이 시민에게 책임 있는 행동을 보여야 한다고 주장했다. 지금도 아버지는 구순의 노구를 이끌고 아파트에서 벨몬트 항구를 내려다보며 도시인이 경찰서나 소방서보다 공원을 더 자주 이용하지 않느냐고 힘주어 말씀하신다. 공원은 도시인의 삶에 깊이 아로새겨져 있다. 이는 화단을 어디에 설치할지, 혹은 행사가 있을 때 어떤 도로를 폐쇄할지와 같은 사소해 보이는 문제에 대해서도 열띤 토론을 벌여야 한다는 것을 의미한다. 1981년과 2012년에 그랜트 공원을 경마장으로 바꾸자는 움직임이 일었는데 각각 포뮬러 원Formula One과 인디카 시카고 그랑프리IndyCar Chicago Grand Prix를 개최하자는 이유에서였다. 바둑판무늬 깃발 대신 편안한 휴식을 선택한 시민은 단호하게 '아니오'라고 대답했다.

하지만 시민의 열렬한 지지를 받은 변화도 있었다. 2004년 시카고 시는 리처드 M. 데일리 시장의 주도 아래 그랜트 공원 북서쪽의 3

만 평에 이르는 땅에 밀레니엄 공원Millennium Park을 열었다. 녹슨 철로가 깔려 있고 주차장이 있던 곳이 눈부시게 푸르른 공원으로 탈바꿈한 것이다. 사회 문제는 언제나처럼 산적해 있지만 5억 달러가 투입된 정부 민간 합작품이 시카고 도심에 화려한 빛을 더한 것은 사실이다. 프랭크 게리Frank Gehry가 설계한 야외 음악당 프리츠커 파빌리온Pritzker Pavilion이 공원의 백미라 할 만한데 해마다 이곳에선 롤라팔루자Lollapalooza를 비롯한 다양한 음악 축제가 열린다. 이뿐만 아니라 1980년부터 세계 최고의 음식 축제로 자리매김한 테이스트 오브 시카고Taste of Chicago에는 매년 350만 명 이상의 관광객이 몰린다.

하지만 그랜트 공원의 역사에서 2008년 11월 4일에 일어난 일에 비견할 만한 것은 없다. 유난히 포근한 그날 저녁에 미국 역사상 최초의 흑인 대통령의 승리 연설을 듣기 위해 수천수만의 관중이 (단 한 명도 연행되지 않고) 공원에 모여들었다. 비록 이들과 같은 이유는 아니었지만 나 역시 북받치는 감정을 억누르며 그곳에 서 있었다. 지역사회 운동가 시절부터 버락 오바마 대통령과 알고 지내던 엄마가 이생에서 살날이 일주일도 남지 않았던 것이다. 오바마 대통령이 전 세계 앞에서 연설을 시작하는 순간 엄마의 영혼이 이미 내 옆에 있는 듯했다. "아직도 미국이 모든 것이 가능한 나라라는 사실을 의심하는 사람이 있다면, 미국 건국자들의 꿈이 살아 있다는 사실에 의구심을 가지는 사람이 있다면, 민주주의의 힘에 의문을 품는 사람이 있다면, 오늘 밤이 바로 답입니다." 몇 분 뒤 미국의 새 대통령은 그랜트 공원에서 링컨의

그 유명한 문구를 인용하고 있었다.

우리는 1919년 인종 폭동이 일어난 곳에서 스무 블록도 떨어지지 않은 곳에 서 있었다. 더욱이 이곳은 미국 정치에 쓰디쓴 패배를 안겨 준 1968년 민주당 전당대회가 열렸던 곳이다. 최소한 그날 밤만은 시카고의 인종차별 역사가 물러나는 순간이었다. 은퇴한 경찰과 은퇴한 히피와 그들의 자손이 가슴 터질 듯한 자부심을 느끼며 바리케이드의 같은 편에 서 있었다. 몇 년 뒤 새로운 희망이 당파 싸움 앞에서 산산조각으로 부서지지만 그랜트 공원에서 그날 밤의 기억은 우리와 전 세계인의 머릿속에 영원히 남을 것이다.

대통령이 이곳에 있었다. 군중 속에서 나는 무엇에 홀린 듯 정신이 아뜩해졌다. 그날 밤 나는 인류와 역사와 고향을 마음속에 품고 시카고 한복판의 아름다운 초록 풀밭에 서 있었다.

마이단, 캘커타
THE MAIDAN

사이먼 윈체스터
SIMON WINCHESTER

마이단을 처음 본 순간부터 이야기하는 게 좋을 것 같다. 마이단은 오랫동안 연병장으로 사용되다 지금은 캘커타2000년에 콜카타로 이름을 바꾸지만 여기서는 원서에 표기된 대로 캘커타로 쓴다 제일의 공원이 되었는데 이런 공원과의 첫 만남이라고 하면 으레 낭만적인 장면을 연상하기 쉽다. 아득히 먼 과거의 어느 날 새벽, 인도에서 가장 번화한 도시가 요란스레 깨어나기 이전에 차가운 대리석의 빅토리아 기념관Victorial Memorial을 향해 이슬 머금은 풀밭을 맨발로 걸으며 일순간의 평온을 갈구했다든지, 해 질 녘 초우링기Chowringhee에 있는 차 상인의 쾌적한 저택에 앉아 핑크 진을 홀짝거리며 풀밭 위 서쪽 하늘에 걸린 석양을 지긋이 내다보았다든지 하는 근사한 장면 말이다.

하지만 이런 일은 일어나지 않았다. 마이단에 대한 내 첫 기억은 낭만은커녕 괴이하기 짝이 없다. 흥미로운 사건이 연이어 일어난 그날의 기억은 윌리엄 요새Fort William의 높은 벽에 사다리가 걸쳐져 있는 것을 본 어느 무더운 여름날 오후로 거슬러 올라간다. 마이단 한복판에 웅장하게 솟아 있는 윌리엄 요새는 영국군이 식민지 시절에 지은 요새로 지금은 영국 군대의 성으로 이용된다. 사다리를 본 순간 나는 사다리의 저 나무 계단이 나를 위해 만들어진 것 같다는 느낌에 사로잡혔다.

여기서 잠시 역사적 배경을 짚고 가는 게 좋겠다. 마이단이 존재하게 된 것은 순전히 윌리엄 요새 덕이라 할 수 있다. 170만 평이 넘는 광활한 땅에 녹지—내 말은 예전에 녹지였다는 것이다. 인도의 많은 곳이 그렇듯 이곳도 푸르렀던 풀밭이 누렇게 방치되어 있다—가 들어선 것은 오로지 군사적인 목적에서였다. 18세기의 제국주의자들은 요새를 지으면서 인도 유격대의 공격을 두려워한 나머지 요새 주위의 나무를 깡그리 베어버렸다. 그 후로 단 한 번도 습격당하거나 총을 발사한 적이 없는 요새는 개미 한 마리 숨지 못하게 사계청소射界淸掃한 들판과 함께 오늘날에도 옛날 모습을 그대로 유지하고 있다. 이런 까닭에 캘커타가 끔찍이 아끼는 이곳, 시민에게 다소나마 신선한 공기를 제공하는 이 광활한 녹지는 애초에 공원이나 산책로, 혹은 꽃밭으로 조성된 공간이 아니었다. 양산 펴 들고 한가로이 거닐거나 뾰족구두 신고 또각거리며 걷도록 설계된 곳도 아니었다. 런던제 맥심 기관총을 드르륵 쏘아대서 적을 섬멸하기 위해 만든 곳이 바로 이곳이다.

사다리가 유혹하듯 벽에 걸쳐 있는 것도 순전히 군사적인 까닭에서였다. 난 그 유혹에 그저 응했을 뿐이었다. 내가 예전부터 사진기에 담고 싶어 한 고색창연한 건물이 하필 벽 너머 요새 안에 있었다. 당시나는 인도에 남긴 영국의 건축 유산에 대한 책을 잔 모리스와 공동 집필하고 있었는데 윌리엄 요새 안에 찬란한 보석이 숨겨져 있다는 건우리 둘 다 잘 아는 사실이었다. 특히 요새는 그 자체로 보석이었다.

지금은 인도 군인들이 윌리엄 요새로 들어가는 시민을 엄격하게 통제한다. 외국인, 그중에서 인도를 식민 지배했던 영국인은 더 말할 나위도 없다. 마땅히 이 명령에 따랐어야 했지만 기억에 남을 사진을 찍기 위해 마이단을 천천히 거닐던 이 행복한 날, 하필 그곳에 사다리가걸쳐 있었을 뿐이었다. 스무 개의 낮은 계단은 또 어찌나 오르기 쉬워

보이던지. 이것은 신호였다. 일단 요새 안으로 들어간 뒤에는 스스로를 위로하면 되는 일이었다. 바깥으로 쫓겨나기밖에 더하겠어? 까짓것 사진기쯤이야. 뭐 더한 봉변을 당하려고?

이런 궁리를 하면서 나는 운전사인 하산에게 아무 말 말고 차 옆에서 대기하라고 말했다. 그러고는 경찰관이 없는지 주위를 잽싸게 휘둘러보았다. 염소 치는 꾀죄죄한 노인과 크리켓에 열중한 아이들 몇 명만이 눈에 띄었다. 나는 사다리를 타고 올라가 벽 너머에서 코코넛 나무를 발견하고는 하산에게 괜찮다는 뜻으로 손을 한 번 흔들어 보인 뒤 나무 기둥을 타고 안쪽의 막사 한복판으로 미끄러져 내려갔다.

그 후에 일어난 일을 시시콜콜 기술하는 것은 부질없는 짓이다. 그저 모든 게 잘됐다고 말하는 것으로 족하리라. 젊은 장교 한 명은 내가 허가증을 받고 들어온 손님인 줄 알고 나에게 이런저런 이야기를 건네더니 부대장에게 데려가 차를 대접하기까지 했다. 오후 내내 나는 이 젊은 장교의 안내를 받으며 그전부터 보고 싶었던 건물을 모두 훑어볼 수 있었다. 급기야 장교가 나를 숙소까지 데려다 주겠다며 부대장 차를 가지고 왔다. 빨간 깃발과 장군의 계급을 말해주는 엇갈린 언월도 그림의 깃발이 보닛에 꽂힌 채 휘날리고 있었다.

"그랜드 호텔인가요?"

대부분의 관광객처럼 나 역시 마이단 전경이 내려다보이는 호텔 방에 묵는다고 생각했는지 장교가 물었다. 멋진 전망은커녕 하숙집보다 나을 게 없는 후진 이 호텔에 묵는 게 사실인지라 내가 고개를 끄덕여 보였다. 내가 허가증을 찾지 못하자 잠시 소동이 일었다. 실은 입구로 들어와야 받을 수 있는 허가증이 나에게 있을 리 만무했다. 내가 부주의하게 잃어버린 걸로 상황이 얼추 정리되면서 젊은 장교가—펄럭이는 빨간 깃발과 함께—보초병에게 어서 통과시키라고 은근히 압력을 넣자 보초병이 나를 내보내주었다. 그것도 짧게 거수경례까지 올리면서. 잠시 뒤 나는 터널을 지나 햇볕이 따갑게 쏟아지는 공원 밖으로 나왔다. 자동차가 공원 저편에 있는 하사관의 저수지Havildars' Tank를 지나 폴로 경기장을 가로지른 뒤 스트랜드 가를 따라 강가로 올라가자 저 너머에서 침착하게 나를 기다리고 있는 하산이 눈에 들어왔다. 사다리는 치워지고 없었다.

곧이어 영화에 나올 법한 기막힌 사건이 일어났다. 나를 안내한 교육부대 소속의 젊은 장교가 하산과 힌두어로 잡담을 나누고 있고 나는 그 옆에 서서 무슨 말인지 알아듣겠다는 듯이 연신 고개를 끄덕이며 귀를 기울였다. 그때 갑자기 고함 소리가 들리더니 커다란 화물 트럭이 네이피어 교차로(로그의 고안자 네이피어를 기리는 기념비가 거리에 세워져 있다)를 지나 우리 쪽으로 무섭게 돌진해 오고 있었다. 우리는 본능적으로 풀밭 옆의 얕은 도랑으로 몸을 날렸다. 트럭이 차 두 대를 향해 맹렬한 기세로 달려왔다. 그러더니 지축을 흔드는 굉음과 함께 수천 리터의 기름에 불이 옮겨붙으면서 순식간에 불길이 벽 너머까지 치솟았다. 내가 한 시간 전에 타 넘은 바로 그 벽이었다. 금속 조각이 하늘에서 아스팔트 바닥으로 비 오듯 쏟아져 내렸다. 잠시 뒤 타닥타

닥 타는 불꽃 소리만 들릴 뿐 괴괴한 정적이 감돌았다.

우리 셋은 도랑에서 몸을 일으켜 먼지를 털어냈다. 트럭 운전사가 바보처럼 웃으며 달려오더니 "아무도 안 다쳤죠? 빅 타마샤!"라고 외쳤다. 이게 무슨 난리냐는 뜻이었다. 그러고는 처참하게 구겨진 차들을 둘러보았다. 장교가 부대장에게 설명할 일이 깜깜한지 난감한 표정을 지어 보였다. 하산은 씩씩거리면서도 사람들이 모여드는 걸 보자 어서 여기서 빠져나가야 한다며 서둘렀다. 차는 어쩌죠? 내가 물었다. 보험회사가 있잖아요. 그가 씩 웃으며 말했다. 내 돈은 안 들어가요. 내일이면 새 차 나올 거예요. 우리는 장교와 헤어진 뒤 아무 일도 없었다는 듯이 마이단의 풀밭을 걸어 카주아리나 가를 가로지른 뒤 오래전에 연병장으로 쓰였던 황폐한 땅을 지나왔다.

끔찍했던 폭발의 순간은 금세 진정되었다. 이제 불길은 보이지 않고—왱왱대며 달려온 소방차에서 세차게 물줄기를 내뿜는 모습이 보였다—검은 연기가 피어오르더니 강을 넘으며 이내 공기 속으로 흩어졌다. 길옆으로는 자동차가 빠르게 지나가고 강물 위에는 배들이 유유히 떠다녔다.

주위를 두리번거렸다. 아무도 우리를 따라오지 않았다. 경찰관이 눈에 띄지 않으니 진술서를 작성할 일도, 사람 환장하게 만들 관료주의의 늪에 빠질 일도 없었다. 염소가 매매 울고 아이들이 크리켓 공을 치고 잡는 소리만이 간혹 들릴 뿐 풀밭은 조용했다. 우리는 아이들이 연을 날리는 모습을 지켜보았다. 운수를 봐주겠다는 남자에 뾰족한 대나무 꼬챙이로 귓속에 있는 이물을 빼내 주겠다는 남자까지 온갖 종류의 상인이 치근댔다. 이윽고 마리골드 꽃바구니를 든 소녀가 꽃목걸이가 단돈 2루피라며 나를 멈춰 세웠다.

꽃목걸이를 하나 샀다. 꽃잎에 맺힌 이슬이 아직도 영롱하게 빛나고 있었다. 소녀가 내 목에 꽃목걸이를 걸어주더니 흰 이를 드러내며 환하게 웃었다. 소녀의 가느다란 갈색 팔에서 먼지와 나무 연기와 시골의 냄새가 훅 풍겼다. 하산과 나는 초우렁기의 호텔 술집에 몸을 파묻고는 울렁거리는 가슴을 진정시켰다. 나는 맥주를 시키고 하산은 달콤한 라임 주스인 님부파니를 시켰다. 우리는 건배를 한 뒤 너덜너덜해진 정신을 기우려고 안간힘을 썼다.

마이단에서 무슨 일이 일어날지 그 누가 알겠어요? 내가 말하자 하산이 두 눈에 눈물이 그렁그렁 맺히도록 한참을 웃었다. 내 말이 웃겨서라기보다는 이제야 마음이 놓이기 때문이리라.

이 말은 농담이 아니다. 영국이 170만 평 남짓한 인도의 옛 수도 땅에 조성한 마이단은 이제 제 도시에 완전히 녹아든 것처럼 보인다. 그런데 공원이 위치한 캘커타 시를 활력과 기쁨이 넘치는 곳으로 보는 사람도 있지만 아주 끔찍하고 더러운 곳으로 보는 사람도 있다. 이 드넓은 땅에 인도의 미안美顏과 추안醜顏이 공존하는 것이다.

마이단은 센트럴파크처럼 사면이 높은 건물로 둘러싸여 있다.(엄밀히 말하면 마이단은 사면이 아니라 삼면이다. 마이단의 서편으로 누런 갠지스 강의 지류가 흐르는 까닭이다.) 센트럴파크의 담이 대체로 밋밋한 반면 마이단의 담은 애초부터 견고하고 장엄하게 설계되었다. 이런 까닭에 지금은 색이 바랬지만 한때 새하얬을 대리석 담이 구중궁궐 높은 담처럼 위압적으로 솟아 있다.

동쪽에는 가게와 주택이 밀집한 상업지구인 초우렁기 가가 있고, 북쪽으로는 궁전과 법원, 교회, 병영 같은 관공서 건물이 들어서 있다. 그리고 성당과 군 병원, 경찰학교, 인도 부총독이 아낀 벨베데레 저택Belvedere House이 마이단의 남쪽 울타리 역할을 한다. 그중에 가장 유명한 건축물은 납작해진 결혼식 케이크처럼 공원에 길게 누워 있는, 빅토리아 여왕을 추모하기 위해 대리석으로 만든 빅토리아 기념관Victoria Memorial이 아닐까 싶다. 수천 킬로미터 떨어진 타지마할을 본떠 만든 이 기념관은 마이단을 압도한다.

하지만 이곳에는 기념관보다 더 경이로운 것이 있다. 오랜 세월 수천 수만의 인도인이 마이단에 모여 시위를 벌였지만—대부분 격렬한 반영 시위였다— 빅토리아 기념관의 유물이나 조각상이 훼손된 적이 단 한 번도 없었다는 사실이다.

도시명도 캘커타에서 콜카타Kolkata로 바뀔 만큼 영국 식민 통치의 잔재가 이곳뿐만 아니라 인도 전역에서 차차 사라지고 있지만, 빅토리아 기념관에는 여전히 커즌 총독Lord Curzon의 조각상이 밤에도 환한 조명을 받으며 영국인 특유의 도도함을 뽐내며 서 있다. 또한 영국 영웅의 기마상이 커다란 대리석 아치문 위에서 내달리고, 박물관 안에는 총독 부인의 머리카락과 대영제국에 굴복한 패주敗主의 검, 그리고 런던과 글래스고와 브리스틀에서 보낸 두루마리 승전보와 정복자들의 초상화가 전시되어 있으며, 웅장한 승리의 여신 조각상과 어린 여왕의 조각상이 박물관 곳곳에 놓여 있다. 경호원들이 간디 기념관을 지키듯 삼엄하게 경비를 서는 가운데 이 모든 유물이 완벽하게 보존되어 있다. 마치 인도인들에게 어서 와서 보라고 손짓하는 듯하다.

삼면을 높다랗게 막은 흰 벽 가운데에—누렇게 색이 바랜 데다 군데군데 마감재가 벗겨진 곳은 회색 벽이 그대로 드러나 있다. 스투코 소석회에 대리석 가루와 찰흙을 섞은 벽 재료로 표면 마감에 쓰인다를 다시 바르는 데 비용도 많이 들고 근처의 황마 공장에서 시커먼 매연이 쉴 새 없이 날아드는 까닭이다—공원이 있다. 공원은 막힌 데 없이 광활하고 개발의 손길이 닿지 않은 활짝 열린 공간이며 정부의 어떤 지시나 부패로부터도 자유로운 순수의 땅이다. 세월의 풍상 속에서 쇠잔해지고 수억만의 채 펄인도의 가죽 샌들에 밟혀 풀이 모두 뭉개어졌지만 여전히 슬픈 장엄함을 간직한 곳이다. 마이단에 아름다움과 너그러움이 깃들어 있는 것은 차라리 악몽이라고 하는 게 나을 만큼 혼잡한 도시 한복판에 드넓은 공간이 있다는 데에 연유한다. 풀밭에 누워 하늘을 올려다볼 수 있는 바로 그런 곳 말이다.

덴마크인이 티볼리 공원을 이용하듯 영국인이 윌리엄 요새 앞의 너른 풀밭을 이용하던 적이 있었다. 한때 이곳에는 테니스장에 승마 코스와 꽃이 만발한 초원이 있었고 강바람 냄새를 맡을 수 있는 강가에는 골프장이 있었다. 당시 영국 상류층—대부분 기고만장한 졸부들이

었다—사이에서는 밤 나들이가 유행처럼 퍼져 있었다. 이들은 찌는 듯한 더위에도 아랑곳없이 번쩍거리는 비단 옷을 걸치고 입술을 앙다문채 제국주의자의 위엄을 지키며 연병장과 폴로 경기장과 크리켓 구장을 지나 넓은 산책로에서 산보를 즐기거나 말을 탔다.

하지만 이제 이곳에는 정령만이 떠돌 뿐이다. 캘커타를 약탈해 황폐화한 개발업자의 손길이 다행히도 아직 이곳에까지 미치지 않은 탓에 건물과 강과 요새는 예전의 모습을 그대로 유지하고 있다. 마이단은 빡빡한 도시인에게 (간혹가다 보이는 몽구스와 이보다 자주 보이는 자칼과 언제나 보이는 염소 같은 동물에게도) 변함없는 위안과 휴식을 제공한다. 이곳은 고요하게 사색할 시간 없이 캘커타에서 숨 가쁘게 살아가는 수백만 명의 시민들을 숨 쉬게 해주는 허파다. 이곳에선 축복받은 자의 경이로운 표정을 지으며 홀로 풀밭을 거니는 사람을 쉽게 볼 수 있다. 마이단이 없었다면 캘커타는 이미 예전에 미쳐버렸을지도 모른다.

공원의 동쪽으로 방향을 잡아 따닥따닥 붙어 있는 빈민촌을 지나 꽉 막힌 교차로에 이르면 바로 그 옆에 작고 오래된 파크 스트리트 공동묘지Park Street Cemetery가 보인다. 크고 호화롭게 장식된 무덤이 빼곡하게 들어찬 이곳은 제국의 묘비명이 가장 신랄하게 새겨진 곳이 아닐까 싶다. 언제나 우리 옆에서 안식을 제공하는 마이단에 대한 짧은 글도 그 묘비명에 들어가 있으리라 나는 믿고 싶다.

이곳에 가면 로즈 에일머의 묘비를 볼 수 있다. 그녀와 시인 월터 새비지 랜더는 웨일스 남부의 도서관에서 만나 첫눈에 사랑에 빠진다. 하지만 머잖아 그녀가 부모님을 따라 인도로 오는 바람에 두 연인은 이별을 맞이하게 된다. 더욱 안타까운 사실은 그녀가 캘커타로 온 지 얼마 안 돼 과일을 먹고는 이질에 걸려 끝내 숨을 거둔다는 것이다. 그때 그녀 나이 스물이었다. 랜더는 단장의 슬픔에 빠져 그 후 64년 동안 그녀를 가슴에 묻고 산다.

그는 사랑하는 여인이 평화롭게 잠든 것을 확인하고는 여덟 줄의 아름다운 시를 묘비에 남긴다. 나는 이곳에 들를 때마다 처연하게 아름다운 이 시를 읽기 위해 묘비 앞에 멈춰 서곤 한다. 이제는 단어 하나하나를 다 외울 정도다. 캘커타에 오면 이곳에 꼭 한번 들르길 바란다. 특히 파크 스트리트를 따라 서쪽으로 발걸음을 옮기며 적막에 잠긴 마이단과 그 너머 강가로 걸어볼 생각이라면 더더욱 로즈 에일머의 묘비명을 읽어보길 바란다.

비석에 새겨진 2연의 시는 로즈 에일머뿐만 아니라 인도의 수많은 젊은이가 맞이한 잔인할 만큼 짧은 생에 대해 노래한다. 아울러 평온의 필요성도 역설한다. 캘커타에서 평온을 느낄 수 있는 몇 안 되는 곳 중에서 가장 유명한 곳이—물론 이 두 연인 때문에 더 유명해졌지만—아마도 공동묘지로 이어진 길 끝에 있는, 나무 한 그루 없이 광활한 마이단일 것이다.

아, 왕족이 무슨 소용이랴.

아, 거룩한 형상과

모든 미덕과 은총은 또 무슨 소용이랴.

로즈 에일머, 이 모든 것은 그대의 것이었다.

로즈 에일머, 잠 못 이루는 두 눈으로

울 수는 있으나 볼 수는 없는 이여.

하룻밤의 추억과 한숨을

나 그대에게 바친다.

　　마이단 공원은 추억과 한숨의 공간이다. 만들어진 배경이 특이하고
오랜 세월 쇠잔과 마모를 거듭한 끝에 풀 한 포기 성하지 않고 주위는
언제나 사람들로 들끓는 아수라장이지만―난데없이 트럭이 돌진하고
삽시간에 화염이 하늘 높이 치솟기도 하는―이곳은 캘커타를 위해서
영원히 보존해야 할 보석 같은 곳이다. 이곳에 기꺼이 헌사를 바친다.

마루야마 코엔, 교토
MARUYAMA KOEN

....

피코 아이어

PICO IYER

사적인 공간에 바치는 기념비

조용히 멈춰 서는 검은 택시에서 내려 주위를 둘러보았다. 300년 된 사찰의 낮은 나무 문이 양옆으로 서 있고, 등불 밝힌 오솔길은 겨우 차 한 대나 다닐까 싶게 비좁았다. 키가 1미터 조금 넘는 회색 바위 위에는 물 흐르는 듯한 서체로 시 한 편이 새겨져 있고 그 옆에는 한때 이곳에 살았던 '왕의 후견인'을 추모하는 돌기둥이 세워져 있었다. 좁은 길을 따라 양옆으로 늘어선 낮은 담 너머로 오층탑이 보이고, 길 모퉁이를 돌면 위대한 하이쿠 시인인 바쇼를 기리기 위해 또 다른 하이쿠 시인이 지은 오두막집 한 채가 나왔다.

어둠이 내리고 인적 드문 길가는 소리도 형체도 분간할 수 없는 암흑 속으로 빠져들었다. 마치 히로시게_{안도 토키타로 히로시게. 19세기의 가장 영향력 있는 일본 미술가이자 판화가}의 목판화 속으로 들어온 듯한 기분이 들었다. 내가 록펠러 센터의 25층 사무실을 정리하고 교토로 거처를 옮길 때 일본의 옛 수도가 디트로이트보다 사람도 많고 건물도 빽빽하고 시끄럽다고 말해준 사람은 아무도 없었다. 하지만 마루야마 공원 근처에 오면 이 모든 소요를 잊고 깊이를 알 수 없는 적막에 가만히 몸을 맡길 수 있었다.

낮은 웃음소리가 2층 찻집의 창을 타고 넘어오는 사이 귀신처럼 새하얀 도제 게이샤의 얼굴이 이따금 눈에 들어왔다. 작은 식당 문 앞에서 서성이는 한 쌍의 슬리퍼는 마치 끝없는 사랑 이야기를 들려주는 듯했다. 나는 며칠 묵을 작은 사찰 옆 카페에 들어가 낮은 탁자 앞에 책상다리를 하고 앉아 녹차 프라푸치노를 마시며 수십 년은 실히 됨 직한 커다란 잉어를 내려다보았다. 16세기의 무장 도요토미 히데요시의 미망인이 지었다는 길 건너 맞은바라기에 있는 사찰은 순례지의 시작을 알렸다. 저 너머 가파른 계단을 오르면 언덕 아래로 교토 전경이 한눈에 들어오는 기요미즈데라, 곧 청수사가 나온다.

둘째 날 저녁에 나는 가구가 거의 없는 작은 다다미방에서 나와 게이샤들의 뜨거운 속삭임을 뒤로한 채 하얀 오솔길을 걸어 분홍색 야간업소 광고 스티커가 빼곡하게 붙은 공중전화 박스 앞에 이르렀다. 지금 막 씻고 나온 듯한 좁은 길이 낮은 울타리 사이로 굽이굽이 돌아들었다. 주위는 온통 전통 찻집이었다. 내 옆에 9미터 높이의 주황색 도리이_{일본의 전통 문으로 신사 입구에 많이 세워져 있다}가 우뚝 솟아 있고 그 너머에 공원이 있었다. 도리이를 지나 경내로 들어가자 오두막집에서 사르는 향 불빛만 희미하게 새어나올 뿐 사위가 고요한 어둠 속에 가라앉아 있었다.

마루야마 공원의 남쪽에는 7세기에 지은 야사카 신사가 있는데 신사 중앙의 목조 건물 주위에는 예순 개의 하얀 연등이 바람에 한들거리며 걸려 있었다. 근처 기온(물의 세계라는 뜻이다)의 게이샤 거리에서 온 듯한 여자가 홀로 법당 앞에 서서 눈을 꼭 감은 채 두 손을 모으고 기도를 드리고 있었다. 그 앞을 지나 공원 안으로 깊숙이 들어가자 벚나무 800그루가 모여 있는 숲이 나왔다. 안내 표지판에 따르면 일본

에서 가장 유명한 나무라는 수양벚나무가 그 한가운데 장엄하게 서 있었다.

　서쪽으로 1분 30초가량 가면 회색 기와를 올린 주황색 도리이가 나오고 그 너머로 교토의 번화가가 이어진다. 공원 북쪽은 사원이 빼곡히 들어선 좁은 길로 녹아든다. 공원 옆의 치온인은 일본 불교의 한 분파인 조도슈, 곧 정토종의 총본산으로 새해가 밝으면 제야의 종을 108번 치는 곳이다. 공원 주위는 온통 찻집과 전통 식당인데, 재미있는 사실은 대부분의 가게가 몇백 년 동안 자신들과 관계를 맺은 집안 사람들에게만 문을 연다는 것이다. 베일에 싸인 섬세한 아름다움과 무언의 소통이 가능한 공동체, 바로 이것이 교토의 고전적 미학이 지향하는 가치다.

　마루야마 공원은 도시적인 반면에 신비로 가득 차 있고, 소품은 낯익은 반면에 배경은 한없이 낯설다. 나에게 공원은 어느새 풍요로운 정적 같은 은밀하고 미묘한 느낌—내가 교토에서 폐부 깊숙이 빨아들이고 싶었던 느낌—을 표상하는 장소가 되었다. 이곳은 흡사 사적인 공간에 바치는 기념비 같은 것이었다. 아울러 이곳은 도처에 흩어진 제각기 다른 문화를 하나로 연결하는 가교였다. 서쪽의 상점가는 부채며 연등이며 양산이며 오비기모노를 입고 허리에 매는 넓은 천 따위를 사는 사람들로 시끌벅적하고 반대편의 사원에서는 수백 년 동안 그래왔듯 둔중한 징 소리가 넓게 울려 퍼졌다. (고전 『헤이케 이야기』의 그 유명한 첫 문장처럼 "기원정사祇園精舍의 종소리가 제행무상諸行無常을 알리며 울려 퍼진

다".) 공원의 백조 호수를 지나 벚나무 사이를 가로질러 울퉁불퉁하고 널따란 돌층계를 오른 뒤 한 줄기 쏟아지는 폭포를 지나면 식당과 사찰이 대나무 숲을 끼고 색띠처럼 흩어진 곳에 이른다. 교토에서도 은밀하고 신비롭기로 손꼽히는 곳이다.

나는 마치 나의 제2의 고향인 교토의 수수께끼를 풀기라도 하듯 그후로 틈만 나면 마루야마 공원을 찾았다. 자정이 넘으면 노숙자 몇몇이 구석진 곳에 자리를 펴고 발치에 신발을 가지런히 벗어 놓은 뒤 일렬로 누워 잠을 청했다가 아침 해가 뜨면 어디론가 사라져버렸다. 낮에는 연인들이 연못 근처 상점에서 헬로 키티 양말을 사고 현미차 두부 아이스크림이나 녹차 바닐라 아이스크림을 먹었다. 안경 낀 남자들이 금년 운수나 애정운 따위를 알려주겠다며 가느다란 막대가 꽂힌 엷은 갈색 나무통을 요란스레 흔드는 모습도 이따금 눈에 띄었다.

내가 어릴 때 뛰놀았던 옥스퍼드나 뉴욕의 공원과 달리 이곳에는 드넓은 풀밭이 없다. 숙녀가 말을 탈 공간도, 사내아이가 프리스비를 던지고 놀 만한 공간도 없다. 하이쿠처럼 짧고 자기 성찰적인 마루야마 코엔(일본에서는 이렇게 부른다)은 대부분의 길이 포장되어 있어서 조깅이나 야구, 혹은 일광욕을 즐길 마땅한 장소도 없다. 이곳은 이를테면 한량과 식도락가를 위한 어른들의 공간이자, 세련된 도시의 밤이 영적靈的인 언덕으로 내려오는 곳이다. 어둠 속에서 저 젊은 여자가 삭발한 승려의 귀에 무슨 말을 속삭일지 아무도 모를 일이다.

794년부터 1868년까지 일본의 수도였던 교토는 신비의 교훈이 켜 켜이 쌓인 팔림프세스트 같은 도시다. 이 고도古都는 외양만으로 판단하지 말라고, 또 그 속에 숨은 깊은 의미와 연결 고리도 속단하지 말라고 말한다.

마루야마 공원에 처음 왔을 때 미천한 객이 으레 그렇듯 나 역시 이곳을 메이지 시대의 완벽한 상징물로 여겼다. 19세기 후반에 일본은 메이지 유신을 통해 서구 문물을 적극적으로 받아들이기 시작했는데 그 결과 역설적이게도 일본은 그 어느 때보다 더욱 일본적인 모습으로 발전하게 되었다. "차 세미나"라는 광고판을 붙였다가 여름철만 되면 "맥주 정원"이라는 문구를 써 붙이는, 긴 오솔길에 면한 유럽풍의 식당에선 면 기모노 차림의 소녀들이 연신 쏟아져 나왔다. 근처의 나무 표지판에는 마루야마 공원이 1913년에 조경가 오가와 지혜이 7세의 손을 거쳐 현대적인 모습으로 재탄생했다고 쓰여 있었다. 북쪽으로 몇 분 거리에 있는 메이지 시대의 헤이안 신궁 정원도 그의 작품이었다. 어지럽게 뻗은 산책로 한가운데에는 메이지 유신을 추진하다 암살당한 두 명의 영웅 무사, 사카모토 료마와 나카오카 신타로의 커다란 조각상이 세워져 있었다. 그런데 애꿎게도 메이지 유신으로 왕궁이 교토에서 도쿄로 옮겨지자 마루야마 공원은 지난날의 영광을 쓸쓸히 기억하는 유물—안내 표지판에 따르면 "관목과 잡풀만이 무성한 버려진 땅"—로 전락하고 말았다. 한창 번성하던 교토 역시 도읍지의 위용을 허망하게 잃었다.

하지만 주위를 유심히 살펴보아라. 발치에 놓인 작은 지도는 암자와 "꿈의 비석"(실제론 벚꽃과 관계된 거종巨鐘이다), 그리고 남쪽으로 2분 거리에 공동묘지가 있음을 알려준다. 가만히 주위를 둘러보면 신의 사자使者인 여우 조각상과 마치 물 위에 뜬 바가지가 어서 와서 입과 손을 씻고 기도를 드리라고 재촉하는 듯한 돌대야와 저 너머 울창한 숲속에 파묻힌 신사가 눈에 들어올 것이다. 이번에는 신사 안으로 들어가 보아라. 흰색과 옅은 분홍색의 여름 기모노를 입은 민숭민숭한 대머리의 할아버지가 네댓 살 난 세 명의 아이들에게 낡은 줄을 흔든 다음에 손뼉을 두 번 쳐서 신을 부르는 법을 가르쳐주고 있을 것이다.

세속적이고 일견 세계적으로 보일 만큼 현대적이면서도 한편으론 고대의 기억과 신들로 가득한 마루야마 공원보다 교토를 더 잘 보여주는 곳이 있을까? 이곳의 영적인 심장이라 할 수 있는 야사카 신사―때론 기온사로도 통한다―의 역사는 656년으로 거슬러 올라간다. 도시가 형성되던 때보다 138년이나 앞서는 것이다. 성미 급한 바다와 폭풍의 신인 스사노가 어느 날 우연히 다 쓰러져가는 초가집에 들르게 되었는데, 집주인의 극진한 대접을 받고는 감동한 나머지 역병이 그 집을 피해 가고 대대손손 번영을 누리도록 축복을 내렸다는 곳이 바로 이곳이다.

이런 까닭에 교토가 도시로 성장하던 무렵 수많은 사람들이 신의 도움을 받기 위해 야사카 신사로 몰려들었다. 또한 천년경에 이곳은 일왕이 신도神道의 신들에게 왕궁의 소식을 전해야 할 때 사신을 보내는 신사가 되었다. 지금도 매년 12월 28일 인시寅時—새벽 4시—에 성화를 밝히고 이 불로 헌등을 일제히 점화한다. 그러면 새해를 축하하기 위해 이곳을 찾은 방문객들이 이 상서로운 불꽃을 새끼줄에 받아 자기 집의 제단으로 가지고 간다. 겨우내 마녀의 머리처럼 으스스하게 공원 한가운데 서 있던 수양벚나무가 어느 봄날 분홍색 꽃망울을 탐스럽게 터뜨리면 사방에서 사람들이 모여들고 그 속에 수백 명의 회사원이 넥타이를 느슨하게 늦추어 맨 채 흐드러진 꽃잎 아래 앉아 캔 맥주를 마시며 외설스런 노래를 불러 젖힌다. 가을이 깊어갈 무렵 연못가에서 동쪽의 마루야마 산을 올려다보면 새파란 하늘 아래 온 산이 빨갛고 노란 단풍으로 물들어 있다. 마치 영구불변한 화폭 위에서 제행무상의 불교 이치가 환히 빛나는 듯하다.

아무 일도 없을 때조차도 이곳은 작은 것 하나까지 신경 쓴 미니어처처럼 생기가 넘친다. 매미가 자지러지게 우는 무더운 여름날 아침이면 지난밤에 벌인 술판의 잔재인지, 아니면 아침 일찍부터 모여 그날의 일진을 점치는 부지런한 산책객인지 분간하기 힘든 노인 네댓 명을 만나곤 한다. 그뿐만 아니라 크리스티앙 디오르 옷을 쫙 빼입은 여자가 낯선 이의 눈길을 피하면서도 침착함을 잃지 않고 서둘러 집으로 돌아가는 모습을 보기도 한다.

도시의 공원 하면 으레 일상의 켜를 훌훌 벗어던지고 드넓은 공간에서 햇빛을 즐길 때 찾아오는 짜릿한 여유 같은 게 연상된다. 하지만 마루야마 공원에는 가벼운 복장이 아닌 정장을 차려입어야 할 것 같

265

은 엄숙함마저 느껴진다. 길모퉁이의 찻집에 불이 하나둘 들어오고 벤치 위로 어둠이 깊어질 때가 공원을 가장 잘 즐길 수 있는 시간이다. 일본인은 암시를 극대화하기 위해서 문장 끝을 흐리는 경향이 있는데, 이곳의 산책로 역시 3분 남짓 굽이굽이 돌다 작은 묘지와 안요지安養寺와 음악의 여신을 기리는 신사로 이어지는 고요한 길을 지나면 어느새 사라지고 만다.

공원을 처음 안 지 사반세기가 지난 지금도 나는 안개가 자욱하게 깔린 날에는 공원을 찾는다. 이곳은 그늘을 찬양하는 다니자키 준이치로의 에세이를 읽거나 언덕에 걸친 구름이 순식간에 걷히는 모습처럼 공간이 매 순간 달라지는 모습을 지켜보기에 더없이 좋은 곳이다. 우리 집에서 한 시간 반 거리인 교토에서 하룻밤을 묵어야 할 때면 나는 공원의 남문 바로 앞에 있는 전통 여관에 짐을 풀고는 그 옆의 향 박물관에 들어가 이런저런 향내를 맡아보거나 온통 부엉이 소품뿐인 가게일본에선 부엉이가 부를 가져다주는 길조다에도 가끔씩 들른다. 나는 외국에서 손님이 찾아오면 마루야마 공원에 꼭 한번 가보라고 권한다. 특별히 볼거리가 있어서가 아니라 무언가를 보려고 애쓰지 않고 그저 공기를 들이마시며 일상에서 기쁨을 찾는 것, 바로 이것이 다가가면 저만치 물러나는 나라, 일본을 가장 잘 느낄 수 있는 방법이기 때문이다.

마루야마 공원을 온전히 누리려면 11월 말의 늦은 오후에 모든 언어를 내려놓고 공원 저편에 있는 높은 계단을 올라야 한다. 서쪽의 도리이 양옆에 세워진 포효하는 사자 조각상을 지나, 축제가 열리면 길거리에 죽 들어서는, 문어 튀김을 파는 밝은 빨간색 노점을 지나, 시험 합격 기원 부적이나 교통사고 액막이 부적을 파는 온통 새하얀 옷차림의 순결한 처녀들을 지나, 어스름에 묻혀 백조가 거의 보이지 않는 유럽식 호수를 지나 공원을 거닐어야 한다.

하오의 마지막 햇살이 마루야마 공원 전체를 붉게 물들이고 나뭇잎 사이로 황금빛 햇살이 눈부시게 쏟아진다. 공원 뒤편으로 돌아가면 마치 세상에서 잊힌 듯하지만 잘 가꾸어놓은 작은 공원을 만날 수 있다. 기모노 입은 여인의 실루엣이 근처 식당의 창호지 바른 문 너머에서 어른거린다. 겨울 공기가 차다. 주위에 두껍게 내리는 어둠이 눈으로 보이는 듯하다. 가만히 앉아서 숨을 죽이고 치온인의 거종이 울리는 소리를 들어보아라. 기도 시간에 맞춰 승려들을 부르는 종소리를. 공원 주위의 도시처럼 마루야마가 본연의 모습으로 찬란히 빛나는 순간은 사위가 짙은 어둠에 묻힐 때다.

구엘 공원, 바르셀로나
PARK GÜELL

콜럼 토빈
COLM TÓIBÍN

"자연에 직선은 없다"라고 안토니 가우디Antoni Gaudí는 말했다. 그는 바르셀로나의 구엘 공원을 설계하면서 직선을 이용해야 할 까닭을 그 어디에서도 찾을 수 없었다.

내가 바르셀로나를 처음 찾은 것은 1975년 9월이었다. 이때만 해도 유럽에서 도시 관광이라는 개념은—파리로 신혼여행을 가거나 로마로 순례를 떠나는 것이 아니라면—생소한 것이었다. 휴일이면 해변으로 가서 일광욕을 즐기는 게 다였다. 바르셀로나는 아직 발견되지 않은 땅이었던 셈이다. 관광 안내서도 없었고 바르셀로나 시민들은 도시의 아름다움을 당연한 것으로 여겼다.

언덕 위의 구엘 공원에 오르면 중산층 아파트로 둘러싸인 도시 전경이 한눈에 들어온다. 내가 바르셀로나를 처음 알았을 때 가우디에 열광하는 사람은 거의 없었다. 진보적 성향의 시민들은 가우디가 자기 인생의 마지막 10년, 아니 그 이상을 바쳤지만 끝내 완성하지 못한 성가족성당La Sagrada Família을 탐탁지 않게 여겼다. 그들 눈에 대성당은 색조도 질감도 과한 건물이었고 한마디로 돈 낭비에 지나지 않았다.

당시는 사람들이 냉정함, 가령 이성적인 정치와 이성적인 건축을 원하던 때였다. 가우디처럼 편안하게 부자 밑에서 일하며 가톨릭교회를 짓는 건축가는 독재자 프란시스코 프랑코가 1975년 11월에 죽은 이후 바르셀로나의 정치 지형에 어울리지 않는 존재였다.

구엘 공원은 발견되기를 기다리고 있었다. 어느 날 나는 레셉스 광장Plaça Lesseps에서 나와 도시의 오래된 길을 정처 없이 거닐다 우연히

273

공원 안으로 발걸음을 옮겼다. 구엘 공원을 처음 발견하는 순간이었다. 바르셀로나의 봄 날씨답게 새파란 하늘에 영롱한 햇빛이 쏟아지는 맑은 날이었지만 공기는 꽤 쌀쌀했다. 내 눈을 제일 먼저 잡아끈 것은 외벽의 타일과 입구 양옆에 세워진 기묘한 모양의 집이었다. 하지만 이곳이 비범한 지성의 소유자—공원 계단을 오를수록 더한층 흥미로워지는 새롭고도 삐딱한 규칙을 만들어낸 기인—가 만든 공간이라는 사실을 깨달은 것은 흡사 요상한 동화 속 그림이나 꿈속처럼 나무 모양의 돌기둥이 비스듬히 서 있는 돌 숲에 이르렀을 때였다.

그러나 1900년부터 1914년까지 가우디가 설계하고 만든 구엘 공원의 배치는 놀랍도록 체계적이다. 지중해와 도시가 내려다보이는 전망은 물론이고 나무와 테라스, 산책로까지 모두 마치 관개시설을 놓듯 진지하게 고민하고 계획해서 얻은 것들이다. 돌과 콘크리트, 타일 같은 세부 양식은 하나같이 이국적이고 대담하며 때론 미치도록 압도적이고 때론 당혹스럽고 불편하다.

가우디는 문화와 자연에 똑같이 매료된 반면 인간보다는 신에게 더 큰 관심을 보였다. 공원 위로 올라가면 광장이 나오는데 파도처럼 너울대는 벤치가 광장을 따라 굽이굽이 이어져 있다. 또한 공원 곳곳의 이미지는 종교색이 진하게 묻어나서 경건함마저 들게 한다.

벤치는 정말 편안하다. 앉았을 때의 몸의 형상을 본떠 만들 만큼 가우디가 편안함을 추구했기 때문이다. 깨진 도자기 파일을 이어 붙인 벤치는 마치 어떤 얼빠진 사람이 바닥에서 도자기 조각을 주워 이리저리 맞춰놓은 것처럼 보인다. 그만큼 창조했다기보다는 복원했다는 느낌이 강하게 든다. 그런데 그 효과가 놀랍도록 독창적이고 매혹적이다. 패턴이 존재하다가도 어느새 무질서가 지배하고, 파란색이 주를 이루다가도 어느 순간 황금빛이 물결친다. 몇몇 문양은 자연에서 따온 것이지만 추상적이고 기하학적인 문양도 간간이 눈에 띈다. 광장 옆에는 내가 좋아하는 산책로가 있다. 돌로 만든 나무가 생목生木처럼 기이하게 솟아 있는 화석림 길이 어두컴컴하고 으스스한 공간을 만들어낸다. 이제 저 안에서는 그 무엇도 믿을 수 없다.

가우디의 고뇌하는 영혼이 공원 곳곳에 아로새겨져 있는 듯하다. 무질서가 발현될 기미가 조금이라도 보이면 그는 종교적 믿음 따위는 까맣게 잊었다. 이를테면 타일 벤치가 굽이치는 광장 아래 그는 86개의 기둥이 떠받치는 황홀한 공간—엄숙한 분위기가 마치 사원을 연상시킨다—을 만들었다. 그런 다음에 주제프 마리아 주졸Josep Maria Jujol이 디자인한 채색 타일을 천장에 큰 원을 그리며 일정한 간격으로 붙였다. 정교한 색상에 무언가를 암시하는 듯한 형태가 내 눈에는 가장 신비롭고 아름다운 창작물로 보인다. 모양이 추상적이고 모호한 것도 있지만 달과 별을 형상화한 것도 있다. 색깔과 디자인이 한없이 신비로운 게 역시 위대한 타일 예술가의 작품이다. 그중에 특히 도자기 타일로 만든 도롱뇽은 화려한 색감과 상상력의 진수라 할 만하다.

19세기 말에서 20세기 초에 걸쳐 카탈루냐스페인 북동부의 자치지방는 자기

정체성을 확립해야 할 필요에 직면했다. 구엘 공원의 배치와 건축 자재, 그리고 특이한 문양과 구조는 이런 필요에 말미암은 것이다. 카탈루냐인들은 자신들이 현대적이면서도 한편으론 잃어버린 중세의 웅장함을 환기하는 건축 시스템을 사용한다는 사실에 큰 자부심을 느꼈다. 카탈루냐의 국가 정신은 이른바 모더니즘이라는 건축 운동을 통해 고양되었는데 그 운동의 중심에 가우디가 있었다. 모더니즘의 태동과 함께 보수적 성향의 부유한 고객들이 독창적이고 새로운 것을 추구하면서 한갓 망상에 불과했던 꿈이 물적 토대를 갖추게 되었다. 카탈루냐가 부유해지고 바르셀로나가 대도시로 성장함에 따라 독립 국가를 향한 카탈루냐인의 열망이 이런 방식으로 발현된 것이다.

20세기에 접어들면서 젊은 건축가들과 돈 많은 고객들은 경쟁이라도 하듯 도발적이고 대담한 건축물을 짓기 시작했다. 바그너풍의 도상圖像과 아르누보 꽃문양 같은 화려한 장식은 새로운 도시의 양식이 되었다.

사람을 알 수 있는 가장 확신한 방법은 그 사람의 돈을 써보는 것이라고 가우디는 믿었다. 이 믿음에 근거해 그는 1885년부터 30여 년 동안 자신에게 일감을 맡긴 카탈루냐의 사업가 에우제비 구엘Eusebi Güell을 "어느 모로 보나 신사"라고 결론지었다. 1885년 가우디는 구엘의 의뢰를 받고 바르셀로나의 람블라 거리에 대저택을 지었다. 그 뒤에 성가족성당 건축도 맡지만 1926년 눈을 감을 때까지 끝내 성당의 완성을 보지 못했다. 가우디는 벌이도 괜찮고 옷도 잘 차려입는 멋쟁이에

서 점차 독실하고 까다로운 은둔자로 변해갔다. 생활 방식까지 금욕적이고 엄격하게 바뀌었다. 1890년대 중반에는 오랫동안 단식에 들어가기도 했다. 하지만 옷과 집이 꾀죄죄해질수록 상상력은 더욱 찬란하게 피어났다. 부를 중시하는 도시에서 극빈의 삶은 오히려 그의 내면세계를 풍요롭게 했다.

운 좋게도 생계를 유지하는 데 큰 문제가 없었던 가우디는 살아생전에 카탈루냐를 거의 떠나지 않았다. 반면에 에우제비 구엘은 유럽의 구석구석을 다니며 독일과 영국 등지에서 디자인과 건축에 대한 새 소식을 접한 뒤 가우디에게 알려주었다. 가우디에게 윌리엄 모리스를 비롯한 당대 영국 예술가들의 작품을 소개한 것도 구엘이었다. 또한 전원도시라는 개념을 접하게 된 것도 구엘 덕분이었다.

구엘은 카탈루냐가 카스티야나 안달루시아가 아닌 영국과 독일을 닮기를 원했다. 산업은 물론이고 근대성과 혁신, 문화, 디자인을 대하는 태도가 스페인과 다르기를 바랐던 것이다. 이런 점에서 가우디의 공원은 구엘의 정치·경제적 사상에 부합하는 것이었다. 가우디의 사상은 거칠고 극적인 동시에 보수적이었다. 그가 만든 공원에는 건축물처럼 가톨릭과 카탈루냐의 역사를 상기시키는 수많은 상징과 이야기가 녹아들어 있다.

구엘이 1918년에 사망하고 4년 후 바르셀로나 시가 공원을 사들였다. 가우디가 세상을 뜨기 4년 전 일이었다. 공원 테라스에서 내려다보면 저 아래 우뚝 솟아 있는 성가족성당의 첨탑과 그라시아 거리의 라

페드레라^{La Pedrera}를 비롯한 가우디가 설계한 수많은 집들이 눈에 들어온다.

　구엘 공원에 오면 세심한 주위를 기울여야 한다. 공원이 다양한 색깔을 띠기 때문이다. 환하게 탁 트인 곳이 있는가 하면 어두침침하다 못해 으스스한 곳도 있다. 햇살이 타일에 비스듬히 쏟아지고 관광객이 그나마 많지 않은 이른 봄날이 공원을 즐기기에 가장 좋은 시기다. 가우디는 애초에 공원이 사적인 공간으로 이용되기를, 즉 이곳에 집터를 사서 집을 짓는 사람들에게만 개방되기를 원했다. 인적 드문 적막한 공원이 아름답기 때문이리라. 구엘 공원은 아름다움과 영원과 신비는 물론이고 세상의 혼란과 무질서까지 응시할 수 있는 꿈의 공간을 만드는 것이 국가를 위한 자신의 임무라고 여긴 한 위대한 예술가에게 바치는 헌사다. 그곳에 가면 언제나 발걸음을 늦추고 주위를 유심히 살피면서 색채와 형태를 음미하며 바르셀로나를 온몸으로 느끼고 싶어진다. 도시를 영롱히 밝히는 그 공원에 가면.

소치밀코 생태 공원,
멕시코시티

PARQUE ECOLÓGICO DE XOCHIMILCO

데이비드 리다

DAVID LIDA

운하는 운하가 아니고 운하가 아니다*

비행기에서 내 옆에 앉은 남자는 예수의 얼굴을 하고 있었다. 이십 대 초반으로 보이는 남자는 긴 머리에 턱수염을 기르고 창백한 얼굴에는 근심이 어린 듯 보였다. 우리는 멕시코시티행 비행기를 타고 있었는데 나중에 알고 보니 남자가 그곳 토박이라는 것이었다. 이십 대에 나는 멕시코시티에 한 번 들렀다가 그만 그 도시와 사랑에 빠지고 말았다. 하룻밤만 묵었는데도 말이다. 이번에는 한 달 남짓 머물 계획이었다. 나는 예수의 얼굴을 한 사내에게 그의 고향에서 무엇을 하고 어디로 가면 좋을지를 물었다. 그런 질문을 받으면 곤혹스럽다는 걸 잘 알면서도 나는 기어코 그렇게 묻고 말았다.

비록 빤한 대답이 돌아오긴 했지만 그는 별로 개의치 않는 눈치였다. 국립인류학박물관에 꼭 가보세요. 일요일 오후에는 코요아칸Coyoacán, 멕시코시티 외곽의 부촌도 좋아요. 리베라Diego Rivera, 멕시코의 민중미술 화가의 벽화도, 태양의 피라미드도 봐야 하고, 아, 국립문화예술궁전도 가볼 만해요. 그 가운데 의외인 게 두 개 있었다. 슈와르마shwarma처럼 양념한 돼지고기를 회전 꼬챙이에 꿰어 구운 다음에 양파, 고수, 파인애플

---

* 데이비드 리다는 옮긴이와의 교신에서 이 제목이 거트루드 스타인의 유명한 시 구절 '장미는 장미이고 장미다A rose is a rose is a rose'를 패러디한 일종의 언어유희라고 밝혔다. 많은 사람들이 소치밀코를 베네치아에 비교하는데 자신은 그 생각에 동의할 수 없다며 제목을 정한 이유를 설명했다.

과 함께 토르티야에 얹어서 말아 먹는 타코스 알파스토르를 꼭 먹어야 한다고 사내는 거듭 말했다. 그러고는 소치밀코 공원에 가보지 않으면 멕시코시티를 본 게 아니라고 덧붙였다.

이 젊은 사내—믿기지 않는 일이지만 이 사내의 이름은 진짜로 헤수스^{Jesús}였다—는 직접 단어를 써서 보여주었다. Xochimilco. 외국인들이 모두 그렇듯이 나도 발음부터 막혔다. 실은 그냥 소리 나는 대로 읽으면 된다. So-chee-meel-co. 나는 헤수스에게 이게 무슨 뜻이냐고, 그곳에 가면 어떤 볼거리가 있느냐고 물었다. 그는 순간 말문이 막히는 모양이었다. 어느 한 곳을 다른 곳에 빗대어 표현하는 것은 인간의 한계라 할 수 있다. 빨간불이 점멸하는 멕시코의 국경 도시나 도미니카공화국의 모래 해변, 혹은 인구 2만이 채 못 되는 텍사스 동부의 소도시를 말할 때는 이런 비교가 어쩌면 유용할지도 모른다. 헤수스는 소치밀코를 베네치아에 비유했다. 나중에 안 사실이지만 '모든' 사람이 '언제나' 소치밀코를 말할 때 멕시코의 베네치아라는 표현을 썼다. 실제로 두 도시의 공통점은 운하가 있다는 것밖에 없는데도 말이다.

소치밀코는 멕시코의 심장인 멕시코시티 연방지구$^{Distrito\ Federal}$를 구성하는 열여섯 개의 구(파리의 구나 런던, 뉴욕의 자치구에 상응한다) 가운데 하나다. 과거에는 독립된 도시였지만 지난 반세기 동안 멕시코시티가 인근 지역까지 포함해 인구 2200만 명이 넘는 초거대도시로 급성장하면서 그 속으로 편입되었다. 50만 명이 거주하는 소치밀코는 약

50개의 소구역으로 나뉘어져 있다.

하지만 사람들이 소치밀코에 대해 말할 때는 보통 160킬로미터 넘게 멕시코시티를 굽이돌아 흐르는 운하를 가리킨다. 헤수스가 가보라고 한 곳이 바로 여기였다. 관광객들이—휴일을 맞아 놀러 나온 멕시코 현지인이 대부분이지만—이곳 선착장에서 낡은 주석 지붕에 노랑과 빨강으로 칠한 나무배 트라히네라trajinera에 올라탄다. 이런 선착장이 소치밀코에 아홉 군데나 있다. 트라히네라는 카누와 곤돌라의 중간쯤 되는데 계피색 피부의 사공이 나무 막대기를 수심이 얕은 호수의 진흙 바닥에 대고 밀치면서 배를 움직인다.

운하 양옆으로는 토착민의 언어인 나와틀어로 치남파스chinampas라고 부르는, 호수 바닥과 연결된 인공 섬이 있다. 사람들이 나무와 풀을 가꾸며 이 섬에서 살아가는데 벽돌과 콘크리트로 지은 집에 골함석 지붕을 얹은 판잣집까지 각양각색의 집이 보인다. 꽃을 키우는 집이 많아서 치남파스에는 온실이 가득하다. 온실 문틈으로 엿보면 탐스럽게 핀 빨간 장미와 자주색 부겐빌레아, 노란 아카시아 꽃, 파란 물망초 따위가 눈에 한가득 들어온다. 소치밀코는 나와틀어로 '꽃이 자라는 비옥한 땅'이라는 뜻이다.

나는 일요일에 소치밀코에 갔다가 소스라치듯 깜짝 놀랐다. 학교와 회사가 일요일에 쉰다고는 해도 시민 2200만 명이 한꺼번에 여기로 쏟아져 나온 것만 같았기 때문이다. 트라히네라가 물 위를 가득 메워서 페리페리코Periférico나 시르퀴토 인테리오르Circuito Interior—막히기로 유명한 멕시코시티 외곽 도시고속도로—가 따로 없었다.

그럼에도 불구하고 트라히네라에 앉아 물 위에 떠 있는 것은 출퇴근 시간에 택시에 갇혀 옴짝달싹 못하는 것보다는 훨씬 유쾌한 경험이었다. 형형색색의 아치형 지붕에는 루피타, 라우리타, 린다 르나타, 마리아 드 로스 안헬레스, 마리아 델 로사리오, 마리아 델 필라르 같은 여자 이름이 선호船號로 적혀 있었다. 중앙의 테이블에 앉아 테킬라를 홀짝거리는 할아버지부터 위태롭게 뱃전에 매달려 짠물에 손을 담그고 노는 어린아이까지 수십 명에 이르는 대가족이 배를 꽉 채우고 있었다. 저쪽 배에서 십 대 소년이 눈을 가늘게 뜨고 제 딴에는 도발적인 눈빛을 던지자 옆 배에 탄 소녀가 짐짓 못 본 척 새초롬한 표정을 지었다.

소녀를 태운 배가 오른쪽 뱃길을 이용해 소년의 배를 지나가려고 안간힘을 썼다. 금속 단추가 달린 까만 양복 차림의 마리아치 밴드멕시코 전통 음악을 연주하는 유랑 악사가 소년의 가족을 태운 배에 자기네 작은 배를 바짝 붙인 채 트럼펫과 바이올린으로 세레나데 〈라 비키나La Bikina〉를 요란하게 연주하는 통에 가뜩이나 복잡한 뱃길이 더 꼬여버렸기 때문이다. 다른 배에서 울려 퍼지는 마림바실로폰의 하나 밴드의 소리는 이내 묻히고 말았다. 떨리는 듯한 실로폰 소리는 마리아치 밴드의 요란한 연주에 비하면 자장가나 다름없었다.

노 젓는 배가 옆으로 지나갔다. 여자는 노를 젓고 남편은 요들 부르듯 옥수수 사라고 목청을 높였다. 마요네즈를 듬뿍 바르고 칠리 파우

더를 뿌린 뒤 큰 냄비에서 굽거나 끓인 옥수수였다. 어떤 상인은 트라히네라 모형과 꽃다발을 팔고 어떤 상인은 술 달린 솜브레로챙이 넓은 멕시코 모자를 쓰고 관광객과 사진을 찍으면서 돈을 받았다. 손님이 2페소를 내고 화장실을 이용하는 동안 치남파스에 멈춰 서는 트라히네라 때문에 교통 체증이 더욱 심해졌다.

소치밀코를 처음 찾았을 때 아쉽게도 나에게 친절을 베푼 멕시코 가족은 없었다. 설령 기회가 찾아왔다 할지라도 내가 부끄러움을 무릅쓰고 그 속으로 들어갔을 성싶지 않지만, 그럼에도 불구하고 나는 왠지 아주 중요한 것을 놓친 기분이 들었다. 여럿이서 더불어 누려야 할 경험을 나는 혼자서, 그것도 철저히 아웃사이더로 겪은 것이다. 1년 뒤쯤 나는 멕시코시티로 이사를 갔고 곧이어 그곳에서 사귄 친구들과 함께 소치밀코를 다시 찾게 되었다. 몇 해 전에 이곳으로 이민 온 오스트리아인 형제와 두 형제의 여자 친구들, 형제의 절친한 멕시코인 친구와 그의 아내, 그리고 후에 나의 아내가 될 멕시코시티 토박이 여자가 동행자였다.

이들은 공원의 구석구석을 알고 있었다. 트라히네라에 올라타자마자 오스트리아인 형제가 대뜸 사공에게 내국인 코스로 가자고 말하는 것이었다. 그러자 사공이 관광객으로 붐비는 운하에서 재빨리 배를 빼고는 이른바 '뒷길'로 우리를 안내했다.

몇 분 뒤 물 위에 떠 있는 사람은 우리밖에 없었다. 시끄럽게 소리

지르는 가족도, 배 사이를 오가는 악사도, 작은 장식품과 싸구려 보석 따위를 파는 장사꾼도 보이지 않았다. 멕시코시티의 중앙 광장에서 불과 20킬로미터 남짓인데 시골에 온 듯한 기분이 들었다. 도시 한복판은커녕 근처에 있다는 생각조차 안 들 만큼 주위가 한적했다. 치남파스 옆을 스쳐 지나가는데 그 너머로 선인장과 옥수수, 칠리페퍼, 야생화를 심은 밭이 보였다. 검게 기름진 섬 기슭에서는 아이들이 플라스틱 통으로 피라미를 잡고 삐쩍 마른 개들은 물에 빠지지 않게 나무에 묶인 채 컹컹 짖으며 슬픈 인사를 건넸다. 물 위에서는 오리들이 행여나 얻어먹을 게 있을까 하고 뱃전에 바짝 붙어 한참을 따라왔다.

흰 왜가리들이 머리 위를 날다가 이따금 물속으로 뛰어들어 뾰족한 노란색 부리로 은빛 비늘 번뜩이는 농어를 물고 물 밖으로 나왔다. 연꽃으로 온통 뒤덮인 물가에서는 물뱀 한 마리가 스르르 미끄러져 가고 저만치 앞에는 트라히네라를 만들고 수리하는 작업장이 보였다. 때론 진흙이나 화분이 가득 찬 수레를 배에 실은 남자가 혼자서 노를 저으며 지나갔고, 때론 만면에 미소를 머금은 경찰이 고개를 까닥이며 발동선을 타고 멕시코시티에서 가장 평화로워 보이는 구역을 지나갔다. 유난히 쾌청한 날이었다. 두 시간 뒤 쿠에만코 운하Cuemanco Canal에 도착하자 멕시코시티 남쪽에 위치한 거대 화산인 포포카테페틀 산과 이스탁시우아틀 산이 유리처럼 맑은 하늘 아래 장엄하게 솟아 있었다.

오스트리아인 형제가 네 시간의 선상 소풍을 위해 도시락—신선한 선인장 당근 샐러드와 제과점에서 사온 통닭구이—을 싸 왔다. 우리

프리시디오, 샌프란시스코
THE PRESIDIO

앤드루 숀 그리어
ANDREW SEAN GREER

당신이 사랑에 빠진다면? 때는 1990년. 샌프란시스코. 지진으로 무너진 건물의 잔해도 많이 치워졌고 내려앉은 고속도로도 복구되거나 철거 표지판이 붙어 있다. 당신은 할머니의 빨간색 뷰익 스카이호크—네바다 주의 위네뮤카 주변에서 퍼져버릴지도 모르는 고물차—를 몰고 아르겔로 로를 따라 프리시디오의 장엄한 콘크리트 입구로 들어서고 있다. 길은 반원을 그리며 골프장을 지나 굽어 내려간다. 이내 도시가 시야에서 사라지고 보이는 거라곤 하늘 높이 자란 시커먼 유칼립투스와 몬터레이 소나무 숲, 그리고 버려진 군사 기지뿐이다. 불과 1년 전만 해도 병력이 배치되었던 이곳엔 이제 금지된 구역 특유의 적막감만 감돈다. 햇빛이 눈부시게 부서지는 광활한 금문해협 옆을 지날 때에도 텅 빈 장교 숙소와 야외용 테이블 따위가 눈에 들어온다. 동쪽 저 너머 어디쯤에는 군인들이 볼링을 치고 음식을 먹고 피엑스에서 물건을 샀을 광장이 황량하게 버려져 있을 것이다. 창문을 내리자 나무 냄새가 코를 스친다. 귀기 어린 요새의 음습한 그늘에서 뿜어내는 녹나무 냄새. 이곳에 무엇이 있을지 누가 알겠는가? 사람 그림자 하나 보이지 않는다. 울창한 나무 아래 이민자 전망대Immigrant Point Overlook에 이르면 가없이 넓은 태평양이 와락 달려든다. 광활한 바다에 유유히 떠 있는 중국 화물선 한 척. 링컨 로까지 굽이도는 길을 지나면 하늘과 바다가 툭 트인 공간이 나온다. 바다와 금문해협, 그리고 저 너머 잠자듯이 길게 누워 있는 마린샌프란시스코 만에 위치한 카운티의 금산金山과 산꼭대기에 위치한 포인트 보니타 등대.Point Bonita Lighthouse. 말을 잘 듣지 않는

핸드브레이크를 힘껏 잡아당겨 그곳에서 차를 세운 다음 고개를 돌려 환하게 미소 짓는 남자의 얼굴을 바라보아라. 저 너머 바다가 햇빛에 찬란히 부서진다. 당신은 지금 스무 살. 여름이다. 머릿속으로 상상했던 것 그대로 캘리포니아의 여름은 무덥다. 살다 보면 이렇게 멋진 날이 찾아올 때도 있다.

　프리시디오가 늘 숲이었던 것은 아니다. 200년 전으로 시계를 돌리면 잡풀만이 무성하게 자란 모래언덕을 마주하게 될 것이다. 후안 바우티스타 데 안자Juan Bautista de Anza 대위는 전위부대와 프란체스코회 신부를 이끌고 이곳 칸틸 블랑코Cantil Blanco, 스페인어로 하얀 절벽이라는 뜻에 오른 뒤 카를로세 2세가 지배하던 스페인 왕국의 최북단 기지에 십자가를 꽂으며 새로운 요새, 프리시디오를 짓겠노라고 선포했다. 프리시디오, 로마군 병영을 뜻하는 라틴어 '프라이시디움praesidium'에서 유래한 단어. 바다와 적군의 배가 내려다보이는 칸틸 블랑코. 신부는 일기에 이렇게 썼다. "유럽의 요새처럼 지을 수 있다면 이보다 더 아름다운 요새는 없을 것이다."

　전쟁 통에 (비록 이곳과는 무관한 전쟁이었지만) 요새는 멕시코로 넘어갔다가 종국에는 미국의 수중으로 떨어진다. 하지만 이곳에 사는 사람들에게 이런 변화는 바람에 나부끼는 깃발이 달라지는 것에 지나지 않았다. 당시 이곳은 문제를 일으킨 병사가 쫓겨 오는, 춥고 바람 부는 변경의 부대였다. 보급선도 1년에 한 번 올 뿐이었다. 한번은 러시아 군함이 포를 쏘며 인사를 건넸는데 이곳에서 대응포를 쏠 화약이 없어서 군인들이 화약을 빌리러 러시아 군함까지 노를 저어 갔다고 한다. 더욱이 데 안자 대위가 고른 장소에 요새를 짓지도 않았다. 대위가 멕시코로 돌아간 뒤 그 밑에 있던 중위가 그곳은 바람이 너무 심하다며 남동쪽으로 2킬로미터 떨어진 곳에 요새를 지었다. 1835년 요새가 버려진 이후로 요새의 낡은 토담은 냉습한 공기에 서서히 무너져내렸다. 그 후 토담은 세관 건물을 짓는 데 사용되었다. 이제 스페인의 낡은 요새는 거의 남아 있지 않다. 풀은 소들이 다 뜯어 먹고 나무는 남쪽으로 뻗어 나가는 도시의 성장에 맞춰 모조리 벌목된 탓에 모래언덕만이 드넓게 펼쳐져 있다.

당신은 이제 차에서 내려 웅웅 뜨거운 여름 햇볕 아래 선다. 저 아래 파도 소리가 아득하게 들린다. 남자도 뒤따라 내려 기지개를 켜더니 주머니에 손을 찌른 채 바다를 응시한다. 언제나처럼 주머니에 손을 찌른 채. 파란색 무지 티셔츠에 황갈색 무지 반바지. 남자답게 딱 벌어진 어깨에 영국인처럼 턱은 강인해 뵈고 살짝 벌어진 입술에서는 로드아일랜드 억양이 밴 목소리가 새어 나온다. 짧게 깎은 까만 머리와 땅딸하게 작은 키. 기억 속에서는 더 작지만, 오늘은 165센티미터다. 몇 달 전에는 상상도 못 했던 명미한 풍광 속에 그가 검은 실루엣으로 서 있다. 당신의 쌍둥이 형제가 당신을 이곳으로 처음 데리고 온 날, 당신은 속으로 부르짖었다. '이런 곳이 있었단 말이야? 그런데 아무도 나한테 안 알려줬어?' 새파란 하늘과 물안개 긴 바다. 곧이어 도시도 안개 속에 잠길 것이다. 뒷좌석에 도시락이 놓여 있다. 종이봉투 속에는 아마도 델리 샌드위치와 살라미, 딱딱한 치즈와 빵, 그리고 복숭아가 들어 있을 것이다. 누가 기억하겠는가? 파테_{곱게 다진 고기를 양념해 차게 한 뒤 빵 등에 발라 먹는 프랑스 음식}까지 있는 걸 보면 돈을 아끼지 않고 쓴 게 분명하다. 당신이 봉투를 들자 남자가 "내가 들게"라고 말한다. 당신은 그냥 들겠다고 대답한다. 이제 차 문을 닫고 남자 쪽으로 걸어가라. 겉으로는 경치를 보는 척하지만 지금 당신에게는 당신 내부의 풍경과 이 남자, 바로 당신 옆에 서서 아직 당신의 손을 잡지 않는 이 남자밖에 보이지 않는다. 잠시 뒤 남자가 당신의 손을 잡는다. 그러고는 "가자"라고 말하며 저 아래 흙길이 시작되는 쪽으로 당신을 잡아끈다. 당신은 열쇠를 꽂아둔 채 차 문을 잠갔다는 사실을 몇 시간 동안 까맣게 잊을 것이다.

미국은 주마다 주를 대표하는 주암_{州巖}이 있는데 캘리포니아의 주암은 사문암_{蛇紋石}이다. 요새 주위의 사문암은 모래와 흙으로 뒤덮여 잘 보이지 않지만 줄 난간 하나에 의지해 가파른 계단을 내려올 때에는 청록색 사문암 절벽이 그 모습을 드러낸다. 저 너머 동쪽으로 금문교가 보인다. 환하게 빛나는 교탑 주위를 안개가 스카프처럼 에워싸고 있다. 이제 남자는 당신의 손을 잡고 있지 않다. 때는 1990년, 게다가 남자는 이런 데에 익숙하지 않은 로드아일랜드 주에서 자랐다. 샌프란시스코에서도 사람들의 시선을 의식할 때였다. 남자가 먼저 크로스비

포대Battery Crosby로 내려가고 모래 계단을 밟고 내려갈 때마다 낮아지는 남자의 검은 머리를 당신이 가만히 쳐다본다. 남자의 이름은 닐이다. 나이는 스물여섯. 그리고 남자다.

그해 여름을 샌프란시스코에서 보내자고 한 게 누구였는지는 기억이 나지 않는다. 내 친구 이브였을까? 내 쌍둥이 형제가 아닌 건 분명하다. 나도 아니다. 여하튼 3학년이 거의 끝나갈 무렵, 우리는 여느 청춘처럼 무분별하고 재빠르게 결정을 내리며 행복해했다. 친구들이 스카이호크를 몰고 대륙을 횡단해 샌프란시스코에 도착하면 난 비행기를 타고 가서 친구들을 만나기로 했다. 미션 구역Mission Distrcit에 사는 이브의 사촌에게서 한 달에 200달러를 내고 방을 빌리기로 했다. 나에게는 '아픈' 여름이 될 터였다. 남자 친구 둘—하나는 나를 사랑하지 않았고 또 하나는 나와 자려고 하지 않았다—과 헤어지고 나자 연애라면 아주 넌더리가 났다. 에이즈 공포가 휩쓸 때라 슬그머니 겁이 나긴 했지만 내가 미친 짓을 아주 안 했던 것은 아니다.(그때 우리는 안전한 섹스에 대해 아무것도 몰랐다.) 그러던 중 출발을 며칠 앞두고 닐을 만났다. 쇼핑몰 가구점(내가 무슨 가구가 필요했을까?)의 한 모퉁이에서 그가 나를 뚫어져라 쳐다보더니 그날 밤에 전화를 걸어왔다. 내가 다니는 대학 근처에 산다며 나를 줄곧 봐왔다는 것이었다. 그는 나를 잘 알고 있었다. 우리는 만나 커피를 마셨다. 그는 끈덕지게 전화를 걸었다. 실은 그때껏 나는 이렇게 잘생긴 남자의 구애를 받아본 적이 없었다. "이 남자랑 만나도 될까?" 내가 룸메이트에게 묻자 그녀가 나를 빤히 쳐다보더니 목소리에 힘을 주며 말했다. "그리스 조각이야." 남자답고 늘 자신감에 차 있는 그는, 섬뜩할 만큼 멋졌다.

어느 날 밤 닐이 고향 근처 바닷가로 나를 데리고 가더니 샴페인을 꺼냈다. 그날 밤 나는 미쳤다. 그렇다고 내가 그에게 마음을 온전히 준 것은 아니었다. 닐이 재미있는 이야기를 들려주다 문득 말을 멈추더니 물었다. "왜 나한테 마음을 열지 않는 거야?" 순간 나는 말문이 막혔다. "내가 어떻게 바뀌면 좋겠어?" 그가 애원하듯 물었다. 나는 새하얀 달빛이 쏟아지는 모래밭 위에 벌거벗고 누워 잠시 생각을 간추린 뒤 그의 눈을 들여다보며 말했다. "눈동자가 파란색이면 좋겠어." 사람이 이렇게 잔인할 수 있을까?

마침내 그가 이겼다. 남자들에게 여러 번 차였어도(예전 남자 친구에게 왜 나랑 안 자느냐고 묻자 "네가 그만큼 매력이 있는지 모르겠어"라는 대답이 돌아왔다) 나는 여전히 젊었다. 그리고 난 숭배받고 보호받고 사랑받고 싶었다. 섹스는 그다음 문제였다. 내 쌍둥이 형제가 공항에서 나를 태우고 샌프란시스코의 낯선 풍경을 지나 미션 구역으로 차를 몰고 갈 때 이미 나는 닐에게 그의 것이 되겠다고 약속한 뒤였다. 5000킬로미터 떨어진 머나먼 곳에 있는 그에게. 결국 그해 여름은 '아픈' 여름이 아니었다. 우리는 색색의 집이 늘어선 아미 가Army Street로 들어선 뒤 야자수가 푸른 하늘 끝에 닿을 듯 높이 서 있고 산책객들이 한가로이 거니는 빅토리아풍의 돌로레스 공원Dolores Park으로 방향을 틀었다.

샌프란시스코. 사랑의 여름이 막 시작되었다.

　군 당국이 프리시디오의 사구砂丘에 관심을 갖게 된 것은 1880년대 드넓은 모래밭에 금문 공원Golden Gate Park이 조성된 뒤였다. W. A. 존스 소령은 사구에 숲을 조성하는 프로젝트를 추진하며 이렇게 썼다. "도시와 최대한 대비시키고, 더 나아가 정부의 능력을 돋보이게 하기 위해서 나는 요새 입구마다 나무를 심어 주위를 에워싸게 했다." 그는 조림 사업을 추진하면서 나무를 마구잡이로 심는 것은 절대로 안 된다고 누차 강조했다. 3년 뒤 소령이 다른 부대로 전출되자 군 당국은 보란 듯이 나무를 아무 데나 심기 시작했다.

　이것은 자연에 대한 모독이자, 여기서 유년 시절을 보낸 감수성 예민한 한 소년에게는 평생 잊지 못할 충격이었다. 소년은 자신이 그토록 아끼던 떡갈나무를 육군공병이 베어냈을 때 "영혼이 황폐해지는 기분이었다"고 썼다. 그때 그의 나이 여덟 살이었다. 소년은 후일 커서 자신이 사랑하는 이 땅에 숲을 조성하려는 모든 계획에 맞서 싸웠다. "원래 나무가 없는 곳에 나무를 심는 일만큼 몰취향적인 일도 없다. 미와 신비와 영원으로 가득 찬 장엄한 산수에 자연미라는 개념을 들이대며 해석하려는 것은 또 얼마나 어리석은가." 소년의 이름은 앤설 애덤스 Ansel Adams, 흑백 풍경 사진으로 유명한 미국의 사진작가이자 환경운동가였다.

　다음 세기에 이곳으로 돌아온 존스 소령은 자신이 수년 동안 힘들게 추진한 프로젝트가 엉망이 된 것을 보고는 경악했다. 나무가 햇빛

들어갈 틈도 없이 촘촘하게 박혀 있고 다양성이라곤 찾아볼 수 없는 '빽빽한 숲', 그가 그토록 반대하던 것이었다. 소령은 그저 사구를 '있는 그대로' 내버려두라고 충고하는 수밖에 없었다.

내가 서늘한 페퍼민트향이 감도는 프리시디오의 신비를 즐기던 1990년의 무더운 여름날, 허허벌판에 조성된 숲은 무성했다. 한 세기 동안 감춰져 있던 풍광이 눈앞에 펼쳐지는 순간 내 옆에는 그가 있었다. 전에는 상상조차 못한 곳. 하지만 이제는 다른 모습으로는 상상할 수 없는 곳.

언제 대포가 있었을까 싶게 황량한 크로스비 포대 쪽으로 걸어가다 가파른 계단을 내려가면 바다가 내려다보이는 평평한 바위가 나온다. 자리 잡기에 딱 좋지만 여기는 아니다. 수풀 우거진 길을 따라 깨진 사문석 무더기와 나무다리를 지나 오른쪽으로 더 내려가야 한다. 저만치 바닷가가 보이자 닐이 당신을 멈춰 세운다. 이 남자에게 키스하지 않을 자 누구인가? 오랜 구애 끝에 마침내 승리를 거머쥔 이 남자에게. 게다가 보는 눈도 없다. 이제는 그의 손을 꼭 잡고 당신은 바위와 철썩이는 파도를 지나 외따로 떨어진 모래밭으로 걸어간다. 위에는 다리가 있고, 옆에는 파도와 바다와 태양이 있다.

모던 타임스 서점 위 사촌네 집에서 빌려온 큰 수건을 깐다. 하나는 하얀색, 다른 하나는 파란색. 이달에 아르바이트하며 모은 돈은 지난밤 당신이 생각해낼 수 있는 최고의 레스토랑 주니 카페—마켓 가와 발렌시아 가가 만나는 교차로에 위치한 세모 모양의 유리 건물—에서 몽땅 써버렸다. 이쑤시개로 라벤더색 고둥 껍데기에서 살을 쏙 빼낸 뒤 아이올리 소스에 찍어 서로의 입에 넣어주던 어젯밤 일을 어찌 잊을 수 있겠는가? 그것도 좁은 식탁에 나란히 앉아서. 식당에서 이렇게 앉아보기는 처음이었다. 우아한 성인이 된 기분이었다. 그리고 이곳 바닷가, 뜨거운 태양 아래 벌거벗은 채 수건을 깔고 누워 있다. 밀려오는 파도와 보온병에 담긴 차가운 아이스티. 이곳에 당신을 사랑하는 사람이 있다. 샌프란시스코에 도착하던 그날 밤, 닐은 콘돔은 친밀감이 떨어져서 싫다며 자기를 믿으라고 말했다. 당시는 에이즈 치료법도 예방법도 없을 때였다. 오로지 죽음만이 있을 뿐이었다. 하지만 깜깜한 어둠 속에서 "싫어"라고 말하며 연인을 밀어낼 사람이 어디 있을까?

프리시디오는 또한 이 평화로운 도시에서 벌어진 전쟁의 상흔을 간직하고 있다. 미국—스페인 전쟁 동안 버팔로 병사흑인 병사를 이르는 말로 이루어진 태평양 연안의 부대 네 곳이 전장으로 떠났다가 되돌아온 곳이 바로 이곳, 유칼립투스 숲이 막 조성되기 시작한 프리시디오였다. 그중 두 개의 부대가 이곳에 주둔하게 되었고 지금도 우거진 숲 속에 그 일부가 남아 있다. 프리시디오 공동묘지에 400명 남짓한 군인이 묻혀 있는 것이다. 드위트 장군John L. DeWitt이 수천 명의 일본계 미국인을 이곳에 강제 격리하는 동안 해안가의 크리시 필드 비행장(원래는 경마장이었다)에서는 일본계 미국 병사들이 적군의 암호를 해독하느라 여

넘이 없었다. 전쟁이 끝난 뒤 미 육군은 바다 건너 황금빛 언덕에 사일로미사일 발사 장치를 넣어두기 위한 지하 설비를 갖춤으로써 프리시디오를 '금문 나이키 미사일 방어체제'의 총본부로 삼았다. 20세기 중반 〈샌프란시스코 크로니클〉의 유명한 칼럼니스트인 허브 캉Herb Caen은 1960년대의 프로시디오를 신비로운 곳으로 묘사했다. "전차에 탄 정복자처럼 차 뒷좌석에 앉아 위엄 있게 고개를 까닥이며 거수경례를 받고" 요새를 빠져나가는 장군이 이곳의 유일한 인기척이라고 썼다. 군 기지를 폐쇄한다는 소식을 접했을 때 내 머릿속에 제일 먼저 떠오른 이미지는 거수경례를 받는 장군의 모습이었다. 그 후 1994년에 국립공원관리공단이 관리를 맡았지만 1990년만 하더라도 이곳은 그 누구의 땅도 아니었다. 군 기지도, 공원도 아니었다. 샌프란시스코 시민이 남몰래 찾아와 금문교 아래 바닷가를 배회하는 유령의 마을이었다.

당신은 다시 가파른 길을 올라와 왔던 길을 되돌아간 뒤 차 문이 잠겨 있는 걸 발견한다. 이번 여행에서만 벌써 두 번째다. 닐이 팔짱을 끼고 풀밭에 서 있는 동안 당신은 AAAAmerican Automobile Association, 미국자동차협회가 '또다시' 오기를, 그래서 차 문을 열어주기를 기다린다. 당신과 남자 사이에 바다 안개가 자욱이 내린다. 무엇인가가 분명 달라진 느낌이다. 그저 차 때문일까? 당신이 부주의하게 정신을 딴 데 팔아서? 당신은 여전히 남자의 손을 꼭 잡은 채 이 남자가 내 남자라고 세상 사람들에게 자랑하듯 재잘거리고 있는데. 젊음을 용서받지 못할

자가 있을까? 마침내 당신을 가졌다는 비밀스러운 즐거움으로 남자가 씩 웃으며 당신을 바라보던 그날 바닷가. 욕정을 채운 한 남자가 약삭빠르게 멀어져갔다고 누군가는 말할 것이다.

공항에서의 애끓는 이별. 매일 밤 이어지다 점차 뜸해지는 전화 통화. 그리고 이제는 5000킬로미터 떨어진 곳에서 연락조차 닿지 않는 남자. 1990년에는 휴대전화도 이메일도 없었다. 간절한 목소리로 자동응답 전화기에 메시지를 남기는 수밖에. 하지만 모래 늪에서는 팔다리를 허우적댈수록 더 깊이 빠지는 법이다. 닐은 9월에 자기 형 결혼식에도 함께 가자고 했고, 식료품점 위 아파트에서 함께 살자고도 했다. 그런데 이젠 아무런 말이 없다. 물건을 잃어버렸을 때의 공황 상태. 하지만 풀숲 어딘가에서 찾으리라는 헛된 기대로 당신은 어스름이 내릴 때까지 무릎을 꿇고 주위를 더듬거린다.

그해 여름 닐에게 애인이 여럿 있었다는 소리를 당신은 한참 후에야 듣는다. 그중에 당신처럼 그에게 무참히 버림받은 이가 하나 있었다. 믿기지 않는 일이지만 당신과의 잠자리를 거절했던 당신의 전 남자 친구가 바로 그 비련의 주인공이었다. 그나마 다행인 것은 당신이 그 소식을 듣고 한바탕 웃었다는 것이다.

9월에 돈이 다 떨어지자 당신은 위네뮤카에서 스카이호크를 전당잡히고 대서양 연안을 굽이도는 열차에 올라 마지막 학년이 남은 대학으로 향한다. 지금 당신은 기숙사에서 몇 블록 떨어지지 않은 닐의 집 현관에 서서 인도를 뚫어져라 쳐다보고 있다. 물을 주지 않아 시든

화초가 어지럽게 놓여 있다. 그의 존재가 손에 잡힐 듯이 가깝다. 살짝 벌린 저 입술, 자그마한 저 갈색 눈동자. 나무 냄새 같기도 한 저 오드 콜로뉴 향수 냄새. "친구들한테 뭐라고 말할 건데?" 이윽고 그가 나지막한 목소리로 묻는다. 당신은 그의 눈을 똑바로 쳐다보지 못한다. 살아 있기 위해 뛸 뿐, 심장이 멎는 것 같다. "네가 미쳤다고 말할 거야." 그가 고개를 끄덕인다.

1806년 러시아의 리자노프 백작은 해달 털 외투의 판로를 개척하기 위해 프리시디오에 왔다가 사령관의 딸인 콘셉시온 아르겔로와 사랑에 빠진다. 그는 여인과 결혼을 약속한 뒤 러시아에서 사업을 마무리 짓는 대로 곧 돌아오겠다고, 그래서 함께 새 삶을 시작하자고 속삭인다. 이 두 연인은 요새 밖에서 안타까운 이별을 한다. 백작은 끝내 돌아오지 않는다.

15년 뒤 전화벨이 울린다. 당신의 샌프란시스코 집 근처에 쌍둥이 형제와 이브가 살고 있다. 15년 전 그해 여름이 이들에게도 마법 같은 시간이었던 모양이다. 코르덴 소파에 앉아 수화기를 드는데 느닷없이 귀청에 꽂히는 소리. "오랜만이야, 앤디. 나 닐이야." 그 순간의 감정을 어떻게 다 말로 표현할 수 있으랴. 화학약품을 병에 넣고 잘 봉해서 선반에 올려놓았는데 긴긴 시간이 지난 어느 날 별안간 병이 덜컹거리며 떨어지더니 내 안에서 산산조각 나는 기분. 그저 웃을 수밖에. 나는 살아남았으니까. 잃을 것도, 얻을 것도 없는 지금, 난 무덤덤한 목소리로 이렇게 말할 것이다. "내 심장을 다시 뛰게 할 목소리 중에서 당신 목소리가 단연 첫 번째인 거 알지?" 기억 너머로 잊혔던 깊은 웃음소리. 지금 마흔쯤 됐을까? 그런데 이 전화는 대체 무엇이란 말인가? 세월이 이렇게 한참 흘렀는데 뒤늦은 후회일까? 아니면 한때 내 것이었던 사람을 불러들이는 휘파람일까? 지금도 그의 기억 속에는 깡마른 금발 소년이 남아 있는 것일까? 내 나이 서른다섯. 그 소년은 이제 더 이상 이곳에 살지 않는다. 나는 그에게 말할 것이다. "닐, 미안한데 전화 끊어야겠어. 공항으로 남편 데리러 가야 해."

당연히, 그 후로 두 번 다시는 그의 목소리를 듣지 못했다.

하지만 지금도 이런 날은 있다. 따뜻한 바람이 몬터레이 소나무를 지나 당신의 몸 위로 부드럽게 불어온다. 바닷물에 잠깐만 몸을 담그고 나와도 추위가 뼛속까지 스민다. 대서양 연안에 사는 사람은 상상조차 할 수 없을 만큼 물이 차다. 몸이 부르르 떨리고 웃고 뜨거운 태양 아래 수건으로 몸을 닦고 농담하고 큰 바위 옆 바닷가를 달리고. 그가 당신의 몸에 선크림을 덧바른다. 아무것도 걸치지 않은 알몸의 남자. 그가 당신에게 입을 맞추더니 뒤로 다시 눕는다. 그러고는 당신을 바라본다. 수건 위에 누운 검게 그을린 몸. 이제는 파란 눈동자가 아니어도 좋다. 여전히 이곳은 있다. 잡풀만이 무성하던 모래언덕이 울창한 숲으로 바뀌었다. 결혼식, 함께 어울리는 곳. 전에는 상상조차 못

315

한 곳. 하지만 당신의 손을 잡고 환히 미소 짓는 이 남자를 바라보는 지금, 다른 모습으로는 상상할 수 없는 곳. 삶에 이런 순간이 또 있을까? 세상만사가 다 무슨 소용이랴. 그곳에 조금만 더 있어, 앤디. 사랑에 빠진 소년으로 조금만 더.

시인 제임스 스카일러James Schuyler는 이렇게 썼다. "고요한 환희와 달콤한 지복, 왜 모든 나날이 당신 같지 않을까? 누군가와 함께 있어 기뻐. 그 누군가가 바로 당신이야. 바닷가 모래 위에 파란 수건을 깔고."시「파란 수건」.

프리시디오에는 지금도 이렇게 완벽한 날이 있다.

프로스펙트 공원, 브루클린
PROSPECT PARK

니콜 크라우스
NICOLE KRAUSS

1

제일 먼저 눈에 들어오는 것은 개들이다. 주인의 손아귀에서 벗어난 개들이 새로운 발견에 대한 흥분으로 쏜살같이 튕겨 나간다. 마치 이 순간을 잠시도 놓칠 수 없다는 기세다. 새벽 동이 트면 사방에서 개들이 몰려들어 롱 메도Long Meadow의 드넓은 초록 잔디밭을 뒤덮는다. 개들이란! 브루노 슐츠Bruno Schulz, 폴란드 현대문학을 대표하는 초현실주의 작가가 말한 것처럼 "충족될 줄 모르는 호기심의 소유자이자 삶이라는 수수께끼의 본보기이며 인간의 본질을 인간 자신에게 드러내기 위해 창조된 존재"다. 공이나 다람쥐, 혹은 까마득히 사라진 기억 속에서 다시 피어나는 냄새를 쫓느라 풀밭 위고 나무 아래고 온통 개 천지다. 더 새로운 게 없을까 하고 상대를 탐색할 때에만 멈춰 설 뿐, 이내 눈앞에 펼쳐진 신천지 속으로 다시 달려간다. 하기야 억겁의 세월 동안 마룻바닥만 쳐다보고 있었을 테니 눈길이 안 가는 곳이 없을 것이다.

눈매가 매서운 사람이라면 행복한 전경 저 너머에서 누군가가 잔뜩 인상을 쓰고 언짢은 표정으로 서 있는 모습이 눈에 들어올 것이다. 개를 일시에 풀어놓는 이 시간을 모든 사람이 즐기는 것은 아니다. 하지만 이들에게 개를 쫓아낼 권리가 있을 리 만무하고 더욱이 개들에게도 엄연한 권리가 있다. 무엇보다도 다른 사람들이 모두 주저하고 있을 때 공원으로 홀연히 뛰어들어 침을 질질 흘리고 꼬리를 휘휘 내두르면서 어둠의 세력을 몰아내는 게 바로 개들이다. 그러니 개들을 탓하지

마라. 채 수거하지 못한 개똥이 신발 바닥을 더럽히더라도, 혹은 아이 유모차에 오줌을 누더라도 미워하지 마라. 심지어 아이 몸에 실례를 하더라도.

아침 9시 정각에 주인들이 일제히 목줄을 옥죄면 삶의 수수께끼를 보여주던 이 털 달린 짐승들은 일순간 지친 듯 체념한 눈빛을 지으며 개라기보다는 인간에 더 가까운 모습을 보인다.

2

아버지는 다섯 살 때까지 브루클린에서 자랐다. 그 시절에 대한 아버지의 기억은 싸구려 아파트 앞에 어지럽게 놓여 있던 쓰레기봉투가 전부였다. 20년 뒤 아버지가 영국인 엄마를 미국으로 데려왔을 때 엄마는 센트럴파크에 가는 걸 한사코 거부했다. 강도에 마약 중독자에 강간범까지 온갖 종류의 범죄자가 우글거린다는 이유에서였다. 그러자 아버지는 아름답고 안전한 공원으로 엄마를 데리고 가겠다고 약속했다. 지금도 나는 엄마가 센트럴파크에 처음 가서 찍은 사진을 간직하고 있다. 섬세하게 투각된 난간 옆에 서서 흐드러지게 핀 벚꽃 나무로 손을 뻗고 있는 엄마의 사진. 그때 엄마에게 엄마의 딸이 나중에 브루클린에서 살게 된다는 사실을 알려주는 사람이 있었다면 엄마는 당장에 뉴욕으로 날아갔을지도 모른다. 그것도 프레더릭 로 옴스테드 Frederick Law Olmsted, 센트럴파크를 설계한 미국의 조경가가 센트럴파크보다 더 거칠게 설계한 공원 바로 옆에서 산다고 했으면 더더욱 그랬을 것이다. 그만큼 당시 프로스펙트 공원은 센트럴파크 저리 가라 할 만큼 악명 높은 곳이었다. 부모님은 내가 세 살일 때 맨해튼에서 롱 아일랜드의 오래된 정원이 있는 집으로 이사를 갔다. 1890년에 프레더릭 옴스테드의 아들 형제가 설계한 정원이었다. 프레더릭 옴스테드가 설계한 다른 작품과 달리 이 정원—우리 집 정원—은 폭력 사태 속에서도 파괴되지 않고 잘 보존되어 있었다.

3

오늘날에도 프로스펙트 공원에는 폭력의 흔적이 없다. 여름날 롱 메도에는 햇빛에 취한 아이들과 소풍 나온 시민들이 가득하고 하늘 높이 연이 너울거린다. 1970년대 도시가 파산하면서 이곳이 무법천지가 되었다는 사실을 기억하는 사람은 많지 않다. 독립전쟁의 첫 전투이자 가장 큰 전투에서 1000명 남짓한 병사가 이곳에서 숨을 거두었다는 사실을 아는 사람은 더 적을 것이다. 금속 탐지기로 잔디밭을 훑는 저 외로운 남자나 기억할까? 초록 풀밭 아래에선 지금도 총알이 발견되고 100미터쯤 가면 1776년 설리번 장군^{John Sullivan}의 지휘 아래 미국군이 영국군을 기다리던 나무 우거진 작은 언덕이 나온다. 미국 병사들은 영국군이 남쪽에서 올 것이라 예상하고는 커다란 떡갈나무를 쓰러뜨려 방벽을 세운 뒤 플래부시에서 브루클린 시내로 이어지는 길

에 매복했다. 하지만 이것은 순진하다 못해 어리석은 전략이었다. 야트막하게 봉긋 솟은 언덕은 전쟁터라기보다 어린아이들이 날째게 올라가서 골목대장 놀이를 하기에 딱 알맞은 장소로 보인다. 지금도 비탈 아랫길—공원의 동쪽 진입로—로 보이는 거라곤 주말 아침 자전거를 타고 지나가는 한 무더기의 사람들뿐이다. 그런데 그 언덕이 바로 미국 역사상 최초로 미국 병사들이 자유를 수호하기 위해 적군을 기다렸던 곳이다. 그들 등 뒤에 4000명의 영국군 병사가 무방비 상태의 퀸스 카운티 거리를 진격하고 있다는 사실을 까맣게 모른 채 말이다. 삼면에서 공격을 받은 미국군은 수백 명이 총검에 찔린 채 이곳 나무에 매달렸고 그보다 더 많은 숫자의 병사들이 카빈총과 대포에 맞아 죽임을 당했다.

브루클린 전투에서의 패배는 참담했지만, 어느 때고 프로스펙트 공원을 거닐다 보면 이곳에서 스러진 병사들의 죽음이 결코 헛되지 않았음을 깨닫게 된다. 수천수만의 사람이 이곳을 찾아 자신에게 할당된 평화의 몫을 온전히 누린다. 표정은 제각기 다르지만 한결같이 지난날을 경건하게 반추하는 빛이 얼굴에 서려 있는 듯하다. 1866년 공원 조경가들이 작성한 보고서에는 "신장된 자유 의식"이라는 구절이 나온다. 프레더릭 로 옴스테드와 캘버트 보^{Calvert Vaux}는 이것이 "시대를 막론하고 공원이 시민에게 줄 수 있는 가장 분명하고 가치 있는 기쁨"이라고 썼다. '자유'라는 단어가 널리 쓰이긴 하지만 조경가들이 이 단어를 사용한 것은 공원 터파기를 하는 도중에 독립전쟁 전사자의 유골이 무더기로 발굴되었을 때였다. 자유를 위해 목숨을 바친 무명의 전사들, 이들이 지킨 자유를 신장하는 것은 우리의 몫이다.

4

모든 공원이 자유를 소중히 여기지만, 경중에는 차이가 있다. 가령 햄스테드 히스는 세인트 제임스 공원보다 더 자유롭고 불로뉴의 숲Bois de Boulogne은 뤽상부르 정원(잔디밭에 들어가지 못하도록 경찰관이 감시한다)보다 더 큰 자유를 제공한다. 이것은 공원 크기의 문제만이 아니라(물론 공원이 클수록 길을 잃거나 외로움을 느낄 확률이 높아진다) 형식의 문제이기도 하다. 이른바 '야생'은 일렬로 세워서 길들일 수도, 대칭을 이루도록 묶을 수도, 사상에 부합하는 형태로 재단할 수도 없다. 한마디로 야생을 제한하는 것은 불가능하다. 야생 상태의 공원에는 삶의 과정—죽음과 부패, 그리고 새 생명의 탄생—이 어떤 방해도 받지 않고 자연스럽게 일어나는 우거진 숲이 있다. 이런 곳에서는 미美의 정의가 훨씬 폭넓고 관대하다. 느슨한 형식은 눈으로도 마음으로도 느껴진다. 나무가 제 스스로 자랄 수 있는 곳은 사람에게도 자유를 허락한다.

센트럴파크는 넓고 우아하지만 사방이 바둑판무늬처럼 촘촘한 거리에 에워싸인 탓에 느슨함과는 거리가 먼 공원이다. 말하자면 자투리땅 하나 버리는 곳 없는 부유하고 화려하고 야심만만한 도시 한복판에 박힌 보석 같은 곳이다. 옴스테드와 보가 1850년대에 공원을 설계·조성하면서 까다롭고 고압적인 위원회의 요구에 응해야 했던 것은 그리 놀랄 일이 아니다. 하지만 옴스테드는 이내 절망한 나머지 공원이고 뭐고 다 집어치우고 캘리포니아로 도망치듯 떠난다. 그러고는 설계에 대한 모든 권한을 자신과 보에게 위임한다는 다짐을 받고서야 새로운 공원을 조성하기 위해 브루클린으로 돌아온다. 이리하여 세계에서 몇 손가락 안에 꼽히는 거칠고 야생적인 공원이 도심에 탄생한다. 프로스펙트 공원은 때론 방치되고 때론 까마득히 잊힌 채 시간이 흐를수록 더욱더 자연의 모습을 띠게 된다. 최근 들어 인근 공동체의 열정적인 노력으로 공원이 상당 부분 복원되었지만 지금도 길들여지지 않은 야생의 느낌이 그대로 남아 있다. 공원 한가운데에는 길을 잃고 헤맬 정도로 울창한 큰 숲이 있으며 캐시미어 계곡Vale of Cashmere 같은 황폐하지만 아름답고 고요한 장소가 곳곳에 숨어 있다. 그 적막한 자유는 자연이 절대적 우위에 있음을 일깨운다.

5

공원의 날씨는 이상스러울 만큼 변덕스럽다. 5만 년 전에 공원은 300미터나 되는 두꺼운 빙하로 덮여 있었다. (위스콘신의 빙하가 녹으면서 바위와 흙을 함께 쓸고 내려와 퇴적물이 두껍게 쌓였다. 이 빙퇴석이 숲이 되고 계곡이 되고 롱 메도의 언덕이 되었다.) 이런 역사가 봄이나 가을날 아침 풀밭 위로 낮게 드리워진 안개를 설명할 수 있을까? (짙은 안개 속

에서 개를 잃어버린 게 몇 번인지 모른다.) 폭우가 쏟아져 풀밭이 물에 잠기고 저 멀리 갈매기가 끼룩거리며 날아다니는 것은 또 어떻게 설명할까? 연날리기에 더없이 좋게 풀밭 위로 솔솔 부는 바람은 어떠한가? 서인도제도 사람들은 페덱스 봉투로 연을 만든다. 부활절 날 예수의 부활을 기념하는 연날리기 축제에서 비롯된 관행이라고 한다. 이렇게 만든 연을 헬리콥터만큼 높이 날리는데 실제로 헬리콥터가 연줄을 끊고 지나갈 때도 있다.

주변 지역과 날씨가 비슷하다고 해도 이곳의 날씨는 훨씬 극적인 형태로 표현된다. 천둥 번개에 폭풍우가 치고 때때로 허리케인이 몰려오면 (한 번씩 토네이도가 휘몰아치기도 한다) 나뭇가지가 맥없이 부러지고 심지어 나무도 송두리째 뽑힌다. 복구는 언제나 느리고 잔해가 말끔히 치워지는 법도 없다. 예산 부족 때문인지, 아니면 공원에 깃든 야생 정신 때문인지 가늠하기 어렵다. 아마 둘 다 때문이 아닐까 싶다. 쓰러진 나무는 아이들 차지가 되어서 평균대나 배, 요새로 탈바꿈한다.

이곳에서는 눈도 잘 녹지 않는다. 몇 날 며칠, 심지어는 몇 주 동안 롱 메도는 브뤼헐Pieter Brueghel이 화폭에 옮긴 플랑드르 지역이 된다. 색색의 모직 외투를 입은 수백 명의 아이들이 신나게 썰매를 지치는 '세밀화'가 완성되는 순간이다.

6

처음은 개로 시작하지만 마지막은 새가 장식한다. 어스름이 깔리는 저녁녘부터 동이 트는 새벽녘까지 기나긴 밤은 새들의 시간이다. 10년 전에 공원 호수가 새로 정비된 이후 새들이 호수로 떼 지어 날아들기 시작했다. 큰아들이 젖먹이였을 때 나는 3번 가 놀이터로 아들을 데리고 갔다가 붉은꼬리말똥가리가 다람쥐를 뜯어 먹는 광경을 바로 코앞에서 목격했다. 지금도 아들과 나는 따로 공원에 가서 맹금을 보면 그 얘기를 서로에게 들려주곤 한다. 한번은 잿빛 하늘이 낮게 드리운 아침에 개를 데리고 혼자 공원에 갔다가 붉은꼬리말똥가리가 발톱으로 생쥐를 움켜잡은 채 내 머리를 스치듯 날아간 일도 있었다. 그 소리를 어떻게 묘사할 수 있단 말인가? 내 머리 위에 있었다는 건 또 어떻게 알까? 더 깊은 정적만이 공기 속에 녹아드는데.

새들이 어디론가 사라지면 다른 곳으로 눈을 돌릴 차례다. 최근 들어 부쩍 늘어난 다양한 '야생종', 곧 자전거 타는 사람에 공놀이하는 사람, 아기, 노인요양시설에서 나온 러시아인, 슈트레이멜_{유대교도가 안식일에}
_{쓰는 털모자}을 쓴 정통 유대교도, 결혼식 하객, 풍경화가, 태극권 사범, 나이 지긋한 노부부, 그리고 이곳에 서식하는 다른 모든 존재를 볼 시간이다.

사진작가의 말

어릴 적에 나는 여름만 되면 할아버지의 시골집으로 내려가 정원을 가꾸고 나무와 꽃과 채소와 개에 대해 배우며 시골 생활의 매력에 푹 빠졌다. 자연스레 정원이라는 개념은 내 머릿속에 사적인 공간으로 각인되었다. 방학이 끝나고 도시로 돌아오면 어머니 손에 이끌려 토리노의 발렌티노 공원으로 갔다. 내 공간은 조금도 없는, 모든 사람이 이용하는 공원에 온다는 게 시간 낭비로 느껴졌다. 그 후 자라면서 공원에 대한 안 좋은 기억이 생긴 것은 당연한 일이었다. 한 번도 공원 사진을 찍는다는 생각을 해본 적이 없었는데 12월의 어느 날 저녁 모든 것이 바뀌고 말았다.

2011년 12월 9일

케이티가 의논할 게 있다며 술자리에 나를 초대한다. "세계의 공원에 대한 에세이집을 낼까 생각 중이에요"라고 그녀가 우아한 목소리로 말한다. 입에 착 감기는 화이트 와인을 한 차례 더 홀짝거리자 프로젝트에 호기심이 발동한다.

2011년 12월 10일

공원에 얽힌 안 좋은 기억을 털어버리고 케이티의 친구인 디와 함께 이번 모험의 첫 목적지인 브루클린의 프로스펙트 공원으로 향한다. 쥘 베른의 소설『80일간의 세계일주』속 주인공인 필리어스 포그가 된 기분이다. 프로스펙트 공원의 왕과 왕비는 수백 마리가 넘는 세련된 개들이다. 짖거나 으르렁거리는 법 없이 규칙을 잘 따른다. 주인이 오히려 부수적인 존재로 보인다.

2012년 1월 4일

쩡하고 깨질 듯 추운 겨울 아침, 보볼리 정원은 아름답다. 떡갈나무와 사이프러스, 흉상과 분수가 유일한 벗이다.

2012년 1월 8일

브란덴부르크 문을 지나 티어가르텐 공원으로 들어간다. 겨울 공원은 쓸쓸하다. 프로이센의 공작이 지금도 이곳에서 사냥을 하는 듯하다. 수천 명의 프로이센 전사자들에 에워싸인 기분이다.

2012년 1월 24일 – 26일

모스크바와 상트페테르부르크, 남극이다. 고리키 공원은 온통 빙판길이다. 눈밭에서는 개들이 뛰놀고 키로프 공원의 벤치는 텅 비어 있으며 차르스코예 셀로에는 깊은 적막감이 감돈다.

카이로의 알 아자르 공원, 따뜻하다. 학생들이 수업을 빼먹고 공원에서 시시덕거린다. 눈길이 조금만 야릇해져도 경비원이 달려오는 것 같다.

벚꽃이 한창인 덤버턴 오크스에서 젊은이들이 데이트를 즐긴다. 나이 지긋한 사람들은 수풀 우거진 산책로를 거닌다.

멕시코시티의 소치밀코 공원은 음악과 음식, 춤, 색깔, 꽃이 한데 어우러진 축제의 장이다.

지난 세기의 아름다움을 상상하며 보르게세 정원을 걷는다.

맨해튼의 하이라인을 케이트와 함께 걷는다. 1년 중 어느 때고 패션쇼 무대를 걷는 기분이다.

2012년 5월 23일

바르셀로나의 구엘 공원, 비가 내린다. 빗속에서도 사람들이 가우디의 계단에서 사진을 찍으려고 차례를 기다린다.

2012년 6월 16일

시카고의 그랜트 공원과 링컨 공원은 건축과 풍경의 완벽한 결합이다. 사람들이 활력이 넘친다.

2012년 6월 20일

〈보그〉 촬영을 하루 앞둔 날, 뤽상부르 정원을 걷는다. 회전목마를 타려다가 제지당한다.

2012년 6월 28일

런던의 하이드 공원은 완벽하다. 풀, 꽃, 호수, 나무, 연인, 조깅하는 사람, 마약 복용자, 개, 배나무, 어린아이가 한데 어우러진 모습이 마치 호크니David Hockney, 영국의 화가이자 사진작가의 그림 속 장면 같다.

2012년 8월 10일

트리에스테의 작은 공원에서 수많은 흉상을 만난다. 고등학교 때 그린 습작이 생각난다.

샌프란시스코의 프리시디오로 가기 전에 앤드루 숀 그리어를 만난다. "모두가 해변에서 벌거벗고 사랑을 나눠요." 그가 말한다. 하필 안개가 자욱하게 끼고 날씨까지 가당찮게 춥다니, 이 멋진 광경은 다음으로 미루기로 한다.

로스앤젤레스의 그리피스 전망대에서 내려다본 전망, 황홀하다.

내 인생에서 가장 긴 여행. 교토의 마루야마 코엔에 간다. 사흘 동안 고양이만 두어 마리 보았을 뿐, 그래서 일본에선 개가 그다지 인기가 없는 모양이라고 단정했다. 게이샤와 절 앞에서 기도를 드리는 신도들만이 온 산에 가득했다.

캘커타 마이단의 주인은 양과 개, 까마귀, 크리켓을 하는 인도 아이들이다. 개들은 세련되진 않지만 어딘가 위엄이 서려 있다. 어떤 감정도 내보이지 않고 먹을거리를 찾아 조용히 걸어 다닌다. 빈곤은 입을 다물게 하지만 존엄까지 말살하지는 않는다. 해질 무렵 까마귀의 울음소리가 정적을 흔든다.

긴 비행 끝에 더블린에 도착한다. 비 내리는 쌀쌀한 날씨, 아이비 정원에 제격이다.

이번 여행에서 겪은 모든 일을 기술한 것은 아니다. 하지만 이 정도만으로도 공원에 대한 내 생각을 바꾸기에 충분했다. 공원은 잔디 깎는 기계를 밀 필요도, 나무를 심고 가지를 치고 잡초를 뽑을 필요도 없는 마법의 장소였다. 아름다운 자연과 다양한 사람들을 즐기면 그만이다. 역사를 즐겨라. 그리고 감정을 오롯이 즐겨라.

어머니 말이 옳았다는 걸 깨닫는 데에 무려 66년이 걸렸다. 뒤늦게나마 이런 깨달음에 이르게 해준 케이티에게 다시 한 번 감사의 말을 전한다.

감사의 말

이 책은 데이비드 리다의 멋진 표현을 빌리자면 '공원 부서'의 공동 노력으로 탄생했다. 이 책을 만들기 위해 여기저기서 힘을 보태준 소중한 이들과 함께 일한 시간이 나에게는 축복과 같았다.

20여 년 전 오베르토를 처음 만난 순간, 나는 그와의 인연이 큰 행운이 되리라는 사실을 직감했다. 지난 1년은 나에게 이 사실을 분명히 각인시키는 시간이었다. 그는 재능과 호기심이 넘치고 점잖고 너그러우며 유머 감각이 풍부하다. 그와 함께하는 작업은 즐거움 그 자체였다.

내 출판 에이전트인 린 네스비트와 편집자 조너선 버넘에게도 깊은 감사의 말을 전한다. 나의 오랜 벗이기도 한 린 네스비트는 처음부터 전문적 조언을 해주고 때로는 번뜩이는 기획안을 제시하면서 언제나 변함없는 지지를 보내주었다. 그녀가 많은 작가들에게 사랑을 받는 이유다. 그녀는 또한 자신의 동료인 마이클 스테이거를 나에게 소개해주었는데, 작가의 글을 한데 모으는 데 그의 싹싹한 성격과 전문적 지식이 큰 역할을 했다.

조너선 버넘은 꿈의 편집자다. 그가 새로운 아이디어를 내놓을 때마다, 또 이메일을 보낼 때마다 나는 그 자리에서 "그럼, 그렇고말고"라고 말하며 고개를 주억거렸다. 그것도 아주 행복하게. 이 책을 처음 시작할 때를 되돌아보면 내 머릿속에서 시작된 기획이 그의 손을 거치며 얼마나 달라졌는가를 깨닫게 된다. 그는 박학다식하고 말에 조리가 있으며 여유가 넘치고 다감다정하다.

이렇게 유명 작가들과 일하는 것은 크나큰 영광이었다. 글이 도착할 때마다 영원토록 간직하고 싶은 선물을 받는 기분이었다.

이 책의 디자인은 나를 포함하여 조너선과 오베르토, 메리 샤나한의 공동 작품이다. 함께 일하는 게 더없이 즐거운 북 디자이너 메리는 우리를 인도해주는 손이었다. 5000킬로미터 떨어진 곳에 살지만 바로 옆집에 사는 것처럼 느껴진다.

마음을 다해 도움을 준 많은 사람들에게 깊은 감사의 말을 전한다. 사려 깊고 열정적이며 야무진 편집으로 책의 품격을 높인 하퍼콜린스의 마야 지브, 작가에 관한 탁월한 조언을 해준 애나 윈투어에게 특히 감사드리고 싶다.

그리고 뉴욕공립도서관에서 알게 된 내 친구들. 전설적인 편집자이자 놀라운 식견의 소유자인 밥 실버스를 만나 그의 도움과 지지를 받은 것은 정말 큰 행운이었다. 폴 홀덴그래버는 기발한 발상으로 나를 지금의 작가들에게 인도해주었다. 주디스 긴즈버그 박사와 폴 르클레르 박사, 데이비드 렘닉, 조슈아 스타이너, 진 스트라우스에게도 고맙다는 말을 전하고 싶다.

나에게 영감을 준 많은 사람들 중에 특히 각 분야의 전문가인 미란다 브룩스, 아델 챗필드-테일러, 헨리 파인더, 알마 기레르모프리에토,

셜리 로드, 글렌 라우리, 찰리 로즈, 디 살로몬, 존 섹스턴, 엘린 토스카노, 로드 바이덴펠트에게 고마움을 표한다. 더그 밴드에게도 감사의 말을 전한다.

스티브 라인하트와 앤 마리 쿠더, 데이비드 영, 하미드 나제딘에게도.

그리고 이 책을 존재하게 해준 내 남편 돈. 이 책에 소개된 많은 공원에서 그와 함께, 그리고 나의 사랑하는 아이들 윌리엄, 세레나와 함께 걸었던 행복한 기억들. 이 책은 가족에게 보내는 내 마음의 선물이다.

케이티 머론

옮긴이의 말

공원에 깃든 기억을 찾아서

한 편의 옴니버스 영화를 본 기분이었다. 공원에 얽힌 기억이 제각기 다른 목소리로 그려지는 열여덟 개의 짧은 이야기들. 그 속에는 이루지 못한 첫사랑의 아련함, 이제는 돌아가신 아버지와 함께 떠났던 슬픈 여행의 기억, 사랑에 달뜨다 가슴 아파하는 '젊은 날의 초상'이 편편이 이어진다. 그런 까닭에 이 책은 읽고 싶은 장부터 읽고, 보고 싶은 공원부터 봐도 무방하다. 눈 덮인 러시아의 공원이 보고 싶은 날에는 차르스코예 셀로로 페이지를 넘기고, 멕시코의 호반 공원에서 한바탕 축제를 벌이고 싶으면 소치밀코 공원으로 향하고, 해 질 녘 사색의 시간이 필요할 때에는 마루야마 코엔으로 조용히 발걸음을 옮기고, 시카고의 역사가 문득 궁금해지는 날에는 링컨 공원에 들르면 된다. 이 책을 번역하는 동안 내내 호사스런 세계 여행을 하는 듯한 느낌이 든 것은 바로 이 때문일 것이다. 내밀한 사적인 기억들로 넘치는 공원公員으로 떠나는 나만의 여행.

하이라인의 낡은 철길 사이로 목화솜처럼 새하얀 꽃송이를 매달고 서 있는 나무 사진을 홀린 듯 아주 오랫동안 쳐다보며 나는 생각했다. 그곳에 꼭 가보겠노라고, 그래서 저 나무 그늘 밑에서 땀을 식히며 과거와 현재의 아름다운 공존을 목도하겠노라고. 톨레도의 대성당이나 그레코의 그림을 바라보는 것보다 "오히려 발길 가는 대로 이리저리 돌아다니거나 분수가에 앉아서 지나가는 여인들과 아이들을 바라보는 편이 더 좋다"고 고백한 장 그르니에를 이제야 제대로 이해할 수 있을 것 같다. 볼거리를 찾아 관광지를 헤맬 것이 아니라 도심 속 공원으로 발길을 돌려 그곳 풀밭에 여유롭게 앉아 (혹은 누워) 하늘과 나무를, 그리고 사람과 삶을 음미할 일이다. 도시는 가깝고, 도심 속 공원은 더 가깝다.

공원은 각박한 도시 생활로부터 잠시나마 벗어나 자연을 즐길 수 있는 '오아시스'이며 추억을 만드는 공간이다. 그곳에는 유년의 기억이 있고 젊은 날의 아름다움과 아픔이 있으며 노년의 평온과 스산함이 깃들어 있다. 우리를 공원으로 이끄는 것은 '기억의 즐거움'이다. 보잘것 없지만 한없이 기쁘고 한없이 슬픈 기억들. "고요한 환희와 달콤한 지복, 왜 모든 나날이 당신 같지 않을까?" 이 책을 덮으며 나는 가만히 자문해보았다. 내 인생의 공원은 어디일까? 내 삶이 오롯이 기록된 공원, 혹은 찬란히 빛나는 내 인생의 일부가 아로새겨진 공원은 어디일까? 꽃 피는 어느 봄날, 무미건조한 일상에 의미를 부여하는 '그곳'에 가봐야겠다. 도시는 변해도 푸른 공원은 언제나 그곳에 있으므로.

2015년 1월 내촌에서
오현아

작가 소개

앙드레 아시망

뉴욕시립대학교 대학원 교수. 비교문학 박사과정 및 작가양성과정을 총괄한다. 지은 책으로『이집트를 떠나서』『알리바이』『네 이름으로 날 불러줘』『하버드 광장』등이 있다.

조너선 알터

역사학자, 언론인, 정치평론가. 1957년 시카고 출생. 저서로『결정적 순간—프랭클린 루스벨트의 100일과 희망의 승리』『약속—오바마 대통령과 서기 1년』『중심에 서다—오바마와 그의 적들』등이 있다. 30년 남짓 기자와 편집인, 〈뉴스위크〉칼럼니스트로 활동했으며 지금은 〈블룸버그 뷰〉에 칼럼을 쓰고 있다. NBC 뉴스와 MSNBC에도 다수 출연했다. 뉴저지 몽클레어에서 가족과 함께 산다.

존 밴빌

소설가. 장편『신들은 바다로 떠났다』『무한』『오래된 빛』등이 있다. 최근에 벤저민 블랙이라는 필명으로 추리소설『복수』를 발표했다. 더블린에서 산다.

캔디스 버건

배우. 30편 이상의 영화에 출연했다. 평단의 호평을 받은 CBS 시트콤 〈머피 브라운〉으로 가장 유명하다. 10년간 〈머피 브라운〉에 출연하며 다섯 번의 에미상과 두 번의 골든 글로브를 수상했다. ABC 드라마 〈보스턴 리걸〉에도 출연했으며 최근에는 브로드웨이 연극 〈베스트 맨〉에 출연했다.

윌리엄 제퍼슨 클린턴

제42대 미국 대통령.

어맨다 포먼

역사학자. 지은 책으로 세계적 베스트셀러인 『조지아나―데본셔의 공작부인』과 『화염에 싸인 세계―남북 전쟁에서 영국의 역할』 등이 있다. 1998년에 전기 부문 휘트브레드상과 2011년에 남북전쟁사 부문 플레처 프랫상을 수상했다.

노먼 포스터

영국의 건축회사인 '포스터+파트너스'의 설립자이자 대표. 베를린의 라이히슈타크 건물을 재설계해 지금의 독일 국회의사당으로 탄생시켰다. 프리츠커 건축상, 다카마쓰 노미야 기념 세계문화상 등을 수상했다. 독일 정부로부터 십자공로훈장을, 영국 여왕으로부터 종신 귀족의 작위와 메리트 훈장을 받았다.

이언 프레이저

논픽션 작가, 수필가, 유머 작가. 지은 책으로 『대평원』 『원주민 보호구역에서』 『시베리아 횡단 기행』 등이 있다. 최근에 소설 『욕쟁이 엄마의 일기』를 펴냈다. 〈뉴요커〉에 오랫동안 칼럼을 써왔다. 뉴저지 몽클레어에서 산다.

앤드루 숀 그리어

소설가. 『어느 결혼 이야기』 『막스 티볼리의 고백』 등 5권의 작품을 발표했다. 최근에 소설 『그레타 웰스의 불가능한 삶』을 펴냈다. 노던 캘리포니아 도서상, 캘리포니아 도서상, 뉴욕공립도서관 영 라이언스상, 단편 부문 오 헨리상 등을 수상했고 미국 국립예술기금위원회와 뉴욕공립도서관에서 창작기금을 받았다. 샌프란시스코에서 산다.

어맨다 할레크

패션 컨설턴트. 런던에서 태어나 리젠트 공원에서 자랐다. 옥스퍼드 대학교 영문학과를 졸업한 뒤 샤넬과 펜디에서 컨설턴트로 일했으며 파리에서 오래 거주했다. 지금은 영국 슈롭셔에서 살며 첫 소설을 집필 중이다.

피코 아이어

소설가, 수필가. 지은 책으로 『카트만두에서의 비디오 나이트』『세계인』『열린 길』 등이 있다. 『여인과 수도승』은 교토에서 보낸 첫해를 기록한 책이다. 1987년부터 교토에서 살고 있다.

니콜 크라우스

소설가. 소설 『그레이트 하우스』『사랑의 역사』『남자, 방으로 들어간다』 등이 있다. 35개 이상의 나라에 작품이 소개되었다. 뉴욕 브루클린에서 산다.

데이비드 리다

작가. 지은 책으로 『신세계의 첫 정류장─21세기의 수도, 멕시코시티』『도시의 열쇠』 등이 있다. 글 쓰는 틈틈이 미국에서 사형 선고를 받은 멕시코인이 형을 경감받을 수 있도록 변호사를 도와 지원 활동을 벌인다. 웹사이트 주소 www.davidlida.com

잔 모리스

웨일스 출신의 작가, 역사학자. 1926년 출생. 역사서, 여행기, 전기, 자서전, 소설 등 40여 편의 작품을 남겼다. 제2차 세계대전 이후부터 트리에스테를 자주 찾았다. 트리에스테에 관한 책으로는 『트리에스테, 외딴곳의 의미』가 있다. 현재 웨일스에서 산다.

제이디 스미스

소설가. 장편소설로 『하얀 이빨』 『사인 파는 남자』 『아름다움에 대하여』 『NW』 등이 있고 산문집 『맘 바꾸기』가 있다. 뉴욕대학교 문학과 교수로 재직 중이며 영국왕립문학협회 회원이다.

아다프 수에이프

소설가. 소설 『사랑의 지도』가 부커상 최종 후보에 올랐으며 30개 언어로 번역되었다. 최근에 자서전 『카이로—나의 도시, 우리의 혁명』을 펴냈으며 『이슬람 예술에 대한 고찰』을 편집했다. 팔레스타인 문학축제^{PalFest}의 창설자이자 위원장이다.

콜럼 토빈

소설가, 시인, 언론인. 『거장』 『브루클린』 등 7편의 소설을 발표했고 논픽션으로 『바르셀로나에 대한 경의』가 있다. 〈런던 리뷰 오브 북스〉의 편집인으로 활동하며 컬럼비아대학교 영문학 및 비교문학과 '아이린 앤드 시드니 B. 실버맨 연구교수'로 재직 중이다. 작품이 30개국에 소개되었다.

사이먼 윈체스터

작가, 언론인. 1976년부터 1979년까지 뉴델리에서 〈가디언〉의 남아시아 특파원으로 일했다. 지금까지 25권의 작품을 발표했으며 『미국을 통일한 인물』을 집필 중이다. 매사추세츠 주 서쪽에 위치한 버크셔힐즈의 농장과 뉴욕을 오가며 살고 있다.

기획자 및 사진작가 소개

케이티 머론
〈보그〉 편집위원. 비영리단체 '하이라인의 친구들' 이사회 의장, 뉴욕공립도서관 이사. 7년간 뉴욕공립도서관 이사회 의장을 맡았으며 투자금융사와 잡지사, 시민단체 등에서 일했다.

오베르토 질리
인테리어 및 패션 전문 사진작가. 지은 책으로『홈 스위트 홈—고품격 보헤미안 인테리어』『공간의 사치』 등이 있다. 〈월 스트리트 저널〉〈아키텍처럴 다이제스트 Architectural Digest〉〈여행 & 레저〉〈보그〉를 비롯한 다양한 잡지에 사진을 싣고 있다. 웹사이트 주소 www.obertogili.com

어린 나에게 공원은

창문 밖의 더 넓은 세상을 뜻하는 것이었다.